柏明顿管理咨询集团

—— 专注阿米巴落地咨询 ——

中国式阿米巴落地工具系列

阿米巴团队激励

阿米巴合伙制把公司与员工之间的雇佣关系变为平台与人才之间的合作关系，它不仅是一种激励机制，更是一种商业模式创新。

胡八一◎著

中国经济出版社
CHINA ECONOMIC PUBLISHING HOUSE
·北京·

图书在版编目（CIP）数据

阿米巴团队激励／胡八一著
北京：中国经济出版社，2018.4（2021.6 重印）
（中国式阿米巴落地工具系列）
ISBN 978-7-5136-4568-3
Ⅰ.①阿… Ⅱ.①胡… Ⅲ.①企业管理—组织管理学 Ⅳ.①F272.9
中国版本图书馆 CIP 数据核字（2017）第 002014 号

责任编辑　贾轶杰
责任印制　马小宾
封面设计　任燕飞

出版发行　中国经济出版社
印 刷 者　北京富泰印刷有限责任公司
经 销 者　各地新华书店
开　　本　880mm×1230mm　1/32
印　　张　6
字　　数　109 千字
版　　次　2018 年 4 月第 1 版
印　　次　2021 年 6 月第 6 次
定　　价　45.00 元
广告经营许可证　京西工商广字第 8179 号

中国经济出版社 **网址** www.economyph.com **社址** 北京市东城区安定门外大街 58 号 **邮编** 100011
本版图书如存在印装质量问题，请与本社销售中心联系调换（联系电话：010-57512564）

扫码可获得以下内容：

1.阅读本书的电子书。
2.观看企业管理课程视频。
3.获得中国经济出版社定制的精彩书单。

序　言

唯有落地，方能生根

——阿米巴经营模式在中国的落地生根

阿米巴经营模式是什么?

阿米巴是一种单体细胞微生物，它能通过自身不断分裂复制，而且为了适应外在条件发生变形。稻盛和夫据其两个特点，结合松下电器事业部制，创立阿米巴经营模式。

实与阿米阿基米德之于泡浴因而发现浮力定律、牛顿之于苹果因而发现万有引力定律同属天才之于灵感。然而灵感常有，天才却不常有!

所谓阿米巴经营模式？简而言之，即把公司分成多个自主经营单元（即阿米巴)，每个经营单元均需独立核算、承担盈亏；持抱利他共赢理念之下，鼓励员工增加收入、降低费用；最后利益共享，同创幸福企业。

三字以蔽之：分、算、奖！

阿米巴经营模式有何高效见证？

计划经济时代，领导高调引入苏联管理模式，然后计划不再、苏联不在，自然也就引而不入；

改革开放之后，市间自觉学习日本管理模式、美国管理模式，诸如全面质量管理、精准生产、整合营销传播、波特战略等，却也只是片断而非整体。

唯有阿米巴经营模式，上自经营哲学启志、中到组织设计技术、下抵日常表格操作，事及全员，而非某些职能部门，于是持续产生高效。

先是稻盛老人业绩可叹，如今国人耳熟能详：

◆自创京瓷，伊始维艰，人数区区不过半百、厂房区区不过三间，用巴之后，业绩持续翻番，荣登世界500强榜！

◆组建日本第二电信，整合多方人才资金，用巴之后，打破垄断、冲出重围，业务从零开始，再攀世界500强榜！

◆日本航空巨亏，濒临倒闭，鸠山首相三顾茅庐、稻盛老人80高龄下山，用巴之后，一年扭亏为盈，反超同行！

再看中国企业，虽然名不称“巴”，却也异曲同工，收效极佳！

◆上海大众力推“经营体”；

◆海尔集团奉行“自主经营体”、SBU（战略事业单元）；

◆阿里巴巴内分级、多个“经济单元”。

阿米巴经营模式为何能够产生极高收益?

首先，阿米巴经营模式符合人性。

它从人性方面思考，形成经营哲学，正确引导经营方法，而非舍本求末，以为某种管理方法即是“绝招”。

以下三个问题的答案即从人性角度思考得出，而非管理学科。

◆为何只有老板关注经营利润，然而员工却只关注做事本身?

因为我的工作距离利润太远，没法关注！

◆为何部门之间总爱扯皮推诿，最终只有老板才能协调解决?

因为他们互是同事关系，而非买卖关系！

◆为何员工总是觉得工资不够满意，却把原因归在老板小气?

因为工资是由老板给的，不是他们买卖赚来的！

其次，阿米巴经营模式能够满足时代需要。

当下员工多数不为生存安全而去工作，他们需求人格尊重、精神自由，满足这种心理需求之举，莫过“我有地盘，我能做主”！好吧，给你一个阿米巴，你去做主！

“互联网+”已让千万“草根”创业成功；中央号令“万众创新、大众创业”、地方政府鼓励创业津贴层出不穷，哪个不曾蠢蠢欲动？老板若不内部满足员工创业冲动，员工必将外出创业。好吧，给你一个阿米巴，你去创业！

再次，阿米巴经营模式提供了技术保障。

好心未必办成好事，皆因方法不对；慈悲未必修得善果，全是智慧不足。一味符合人性、一味满足员工当然也就未必成功。

励志大师嚣叫成功，可是从来不曾给出成功的逻辑、成功的阶梯，以为充满激情，便可成功。结果泱泱弟子除了再去嚣叫励志，也就别无成功！

阿米巴经营模式则不然，包含如何分巴？如何内定定价？如何建立内部交易规则？如何核算收入、成本？如何分析本巴盈亏？如何改善不良？如何分享收益？……唯一所剩，就是你的行动！

阿米巴经营模式是否适合中国企业？

古今中外之人，虽有认知差异，从而形成文化差异、观念差异，然而人心、人性无异！

管仲新政，故有齐桓九合诸侯，无非分、算、奖；

商鞅变法，故有大秦一统天下，无非分、算、奖；

明治维新，故有日本赶超亚欧，无非分、算、奖；

小平改革，故有中国平视世界，无非分、算、奖；

对应前边所述三个人性问题，解决方案无非分、算、奖！

故此，这个问题不是问题，下个问题才是问题！

阿米巴经营模式如何落地中国企业？

即使汽车进口中国，有时也需改装部分，旨在适应中国驾驶、行车环境，何况人文理念、经营模式？也该扬弃！原因有三：

其一，中国企业经营的外在空间广阔，开源与发展仍是中国企业之主流旋律，而日企则不然。因此，阿米巴落地中国，首在理清战略，继而开源节流；

其二，中国企业管理的内在基础较弱，建制与完善乃是中国企业之必修内功，而日企则不然。因此，阿米巴落地中国，首在架构重组，继而分巴交易；

其三，中国社会环境的客观影响很大，物质与精神总在中国企业之动态平衡，而日企则不然。因此，阿米巴落地中国，首在提升经营，继而转变人文。

稻盛老人来华数次，宣传理念；成立塾式机构若干，诵读精进。然而理念如不加以技术落地，则是空谈，空谈误国！

至于如何加以技术落地，正是本书系列宗旨，共分三本。内容详见后文，在此概述如下：

第一本《阿米巴组织划分》，主要讲述阿米巴组织划分；

第二本《阿米巴经营会计》，主要讲述阿米巴经营会计；

第三本《阿米巴团队激励》，主要讲述阿米巴体系运营。

我们敬重稻盛老人，但非膜拜；我们学习阿米巴，但非照抄！

书中内容，乃是一家之言，供您参考、探讨。

愿您成功！

得以成书，非常感谢柏明顿的客户们！非常感谢我的顾问伙伴们，特别是柏明顿资深顾问魏海燕、陈扬名等人，为本书提供大量案例、图表、数据。

是为序。

柏明顿管理咨询首席顾问 胡八一

huby@pmt.net.cn www.pmt.net.cn

2016 年 11 月 28 日 亚特兰大

前 言

中国式阿米巴，不但强调建立全员共同的愿景，更强调通过一系列的机制来保证愿景实现的可能。

企业必须要通过机制来让组织产生持续的活力。

阿米巴团队激励，主要是解决干部和员工的驱动力问题，从而释放组织活力。

阿米巴组织划分，解决责任和授权问题；阿米巴经营会计能透视经营状况，反映组织运行绩效；阿米巴团队激励，则以短期、长期受益和物质、精神奖励作为激励手段，让员工为自己工作，释放个人“愿”力，激活组织活力，提高各个职能板块的组织效能。

企业机制设计是一门艺术，需要研究原理，推演与企业匹配的方案。本模块涉及的专业知识比较多，企业决策人只需了解相关原理即可，具体方案可由人力资源部门完成。

扫码可获得以下内容：

1.阅读本书的电子书。
2.观看企业管理课程视频。
3.获得中国经济出版社定制的精彩书单。

目 录

第三章 阿米巴奖金设计

第四章 阿米巴股权激励方案

第五章 阿米巴人才梯队建设

扫码可获得以下内容：

1.阅读本书的电子书。
2.观看企业管理课程视频。
3.获得中国经济出版社定制的精彩书单。

第一章　阿米巴激励机制设计

阿米巴激励机制一旦形成，就会内在地作用于组织系统本身，使组织机能处于一定的状态，并进一步影响组织的生存和发展。

多种激励机制并存，提升员工满意度。设计阿米巴激励机制，主要采用薪酬、奖金和股权三大方式，必须把三者结合起来（见图1－1）。

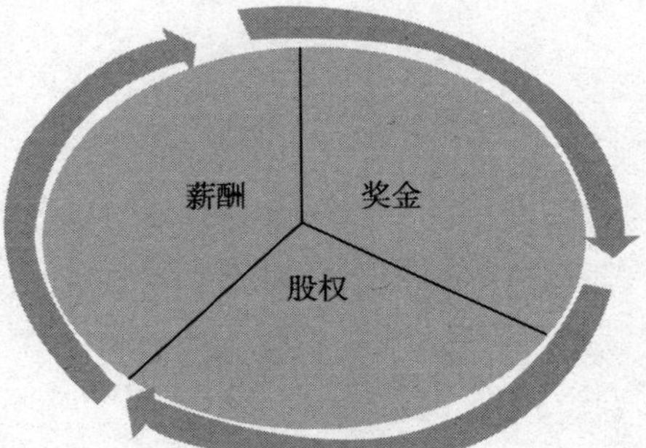

图1－1　阿米巴激励机制设计

本章目标

1. 操作：阿米巴激励机制设计。

2. 理解：阿米巴激励原则和形式。

3. 操作：巴长激励和团队激励操作。

形成成果

1. 阿米巴激励机制。

2. 巴长激励和团队激励模式。

第一节　阿米巴激励机制概述

一、阿米巴激励的含义

阿米巴激励机制，**是指企业创造、提供满足员工各种需要的条件，以实现企业组织行为的特定目标为前提，通过物质和精神手段来激发和鼓励员工的生产积极性和创造性的功能**。

公平、具有竞争力的阿米巴激励体系是实施阿米巴经营模式的基本保障。合理的激励体系可使企业吸引来优秀的员工，鼓励员工积极工作，提高技能，从而提升企业效率，赢得竞争优势。

在阿米巴激励机制作用下，组织不断发展壮大，不断成长。我们称这样的激励机制为良好的激励机制。激励机制对员工行为的助长作用给管理者的启示是：**管理者应能够找准员工的真正需要，并将满足员工需要的措施与组织目标的实现有效地结合起来。**

优秀的激励体系依据公司的方方面面，营造出一个激动人心的阿米巴经营环境。

二、阿米巴激励机制的运行模式

阿米巴激励机制运行的过程就是激励主体与激励客体之间互动的过程，也就是激励工作的过程。图1-2是一个基于双向信息交流的全过程的激励运行模式。

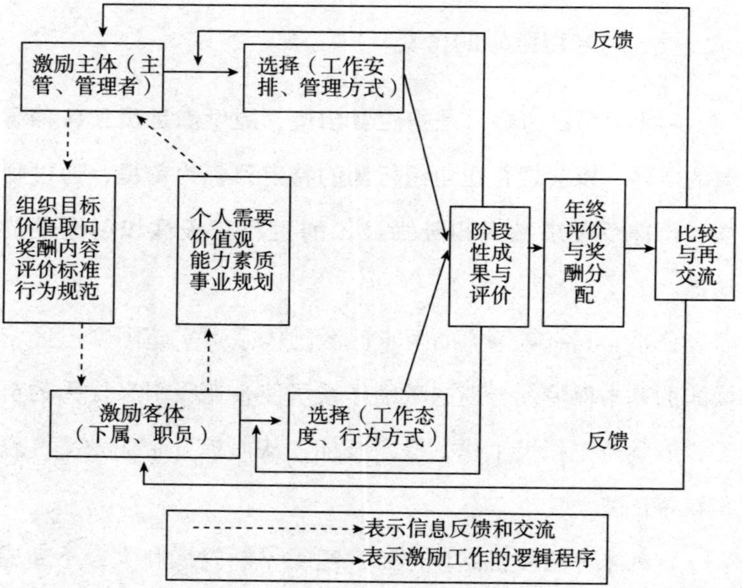

图1-2　阿米巴激励机制的运行模式

阿米巴激励机制运行模式，是从员工进入工作状态之前开始的，贯穿于实现组织目标的全过程，故又称为阿米巴全过程激励模式。

这一激励模式应用于阿米巴经营管理实践中，可分为5

个步骤，其工作内容分别如下：

第一，双向交流。这一步的任务是使阿米巴巴长了解员工的个人需要、事业规划、能力和素质等，同时向员工阐明阿米巴组织的目标、组织所倡导的价值观、组织的奖酬内容、绩效考核标准和行为规范等；而员工则要把自己的能力和特长、个人的各方面要求和打算恰如其分地表达出来，同时要把组织对自己的各方面要求了解清楚。

第二，各自选择行为。通过前一步的双向交流，阿米巴巴长将根据员工个人的特长、能力、素质和工作意向给他们安排适当的岗位，提出适当的努力目标和考核办法，采取适当的管理方式并付诸行动；而员工则采取适当的工作态度、行为方式和努力程度开始工作。

第三，阶段性评价。阶段性评价是对员工已经取得的阶段性成果和工作进展及时进行评判，以便阿米巴巴长和员工双方再做适应性调整。这种阶段性评价要选择适当的评价周期，可根据员工具体的工作任务确定为一周、一个月、一个季度或半年等。

第四，年终评价与奖酬分配。这一步的工作是在年终进行的，员工要配合阿米巴巴长对自己的工作成绩进行评价，并据此获得组织的奖酬资源。同时，阿米巴巴长要善于听取员工对自己工作的评价。

第五，比较与再交流。在这一步，员工将把自己从工作过程和任务完成后所获得的奖酬与其他人进行比较，以及与自己的过去相比较，看一看自己从工作中所得到的奖酬是否满意，是否公平。通过比较，若员工觉得满意，将继续留在原阿米巴组织工作；如不满意，可再与阿米巴巴长进行建设性磋商，以达成一致意见。若双方不能达成一致的意见，双方的契约关系将中断。

阿米巴全过程激励模式突出了信息交流的作用，划分了激励工作的逻辑步骤，可操作性强。

第二节　阿米巴激励原则和形式

一、激励机制设计的原则

阿米巴经营的成败与激励机制往往密不可分。阿米巴激励机制将最大限度地激发员工的工作动机和工作积极性。阿米巴组织应根据自身的特点，采取有效措施推进并不断完善物质激励与精神激励相结合的机制，即实行人才动态管理，激活阿米巴用人机制；建立灵活的分配激励机制、科学的考核激励机制与人才培养的激励机制；引入竞争淘汰机制。从而形成一个多层次的长效的各类激励政策、措施能够有机地结合在一起的有效激励机制，使其在企业的发展中发挥更大的作用。

根据柏明顿阿米巴经营管理咨询实践，实施阿米巴激励，应坚持以下原则：

1. 外部竞争性

阿米巴激励体系具有市场竞争力。阿米巴激励机制要至少不低于行业平均水平，才能够留住公司的优秀员工。

2. 内部公平性

激励体系由业绩、岗位技能、责任及条件等因素界定，不同岗位激励具可比性，可以保证内部激励分配的公正和公平。

3. 注重长期激励

完善薪酬结构激励的长期性对留住员工来说意义重大。无论是阿米巴巴长还是普通员工，都应该作为被激励的对象。激励的手段可以根据实际情况多样化。例如，对有突出贡献的技术人员和管理人员可以实行股票期权制，这就是一种长期激励的方式。在薪酬制度方面，企业要注意完善薪酬结构。完整的薪酬结构包括工资结构、奖金结构、福利待遇和激励制度。在福利待遇上，企业可以根据具体情况有所创新。

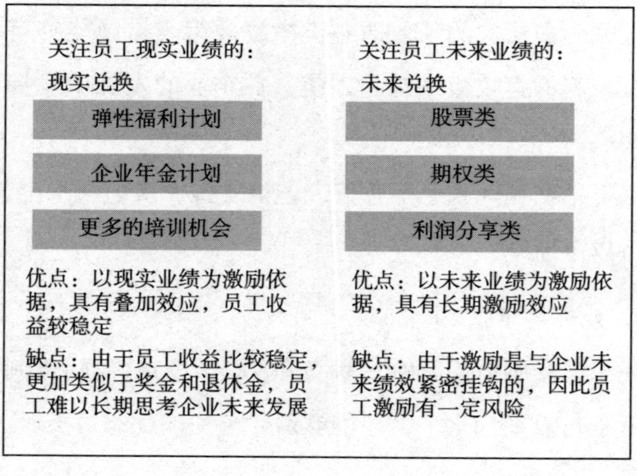

图 1－3　激励手段对比

4. 加强对阿米巴员工的精神激励

精神激励设计在很多时候都起到意想不到的激励效果。它引导人们目光远大，心胸开阔，志趣高尚，把长远利益置于眼前利益之上，把阿米巴单元的集体利益置于个人利益之上，精神境界不断提高。精神激励方法有很多，针对各个阿米巴的特点，实行不同的激励方案。

5. 建立有效的员工考核和淘汰机制

要对阿米巴单元整体，包括阿米巴内部的业务流程、外部的经营环境建设、短期与长期目标，尤其是长期目标进行考核。

二、企业常用的激励形式

1. 股权激励

股权激励是对员工进行长期激励的一种方法，属于期权激励的范畴。股权激励是企业为了激励和留住核心人才而推行的一种长期激励机制。有条件地给予激励对象部分股东权益，使其与企业结成利益共同体，从而实现企业的长期目标。具体的阿米巴股权激励方法，我们将在第四章详细讲解。

思考　阿米巴经营为什么要推行股权激励？你是否有进行股权激励的打算？

2. 物质激励

物质激励主要通过物质刺激的手段，鼓励员工工作，其主要形式包括工资、奖金、津贴等。

思考 你公司的物质激励有哪些？还有哪些待改进之处？

3. 目标激励

组织目标是通过各个群体以及个体的共同努力来实现的，目标具有引发、导向、激励的作用。阿米巴巴长可以将组织的总目标按阶段分解成若干个子目标，以此达到调动员工工作积极性的目的。

思考 如何进行目标激励，才能起到最佳效果？

4. 信任激励

阿米巴经营模式倡导“人人成为经营者”，阿米巴管理者只有信任每一位员工，帮助员工树立自信心，才能最大限度地发挥员工的积极性和创造性，提升员工的绩效水平。信任激励是最持久、最“廉价”和最深刻的激励方式之一。

思考 阿米巴经营为什么需要信任激励?

5. 奖罚激励

阿米巴经营模式是全员经营、独立核算，通过奖罚激励，既激励员工以饱满的精神状态投入工作，又督促员工遵循经营管理规则。

思考 你的公司中，如何对员工进行奖励?惩罚措施都有哪些?可取之处是什么?有待改善之处是什么?

6. 竞争激励

阿米巴经营模式的重要目标是“人人成为经营者”，企业在追求利益的同时也重视员工的幸福感，培养有经营意识的人才，调动员工的积极性。阿米巴是全员参与经营的，它离不开相应的激励体制。而阿米巴组织划分就是为员工提供机会，让员工能从经营者的立场出发，为经营好阿米巴组织而谋划。这需要企业给予一定的支持和权力，才能让员工感到被重视，与企业站在同一战线一起成长，从而在阿米巴之间形成良性的竞争。

竞争激励是阿米巴鼓励进步、鞭策平庸、淘汰落后的关键环节。管理者合理地运用竞争激励机制，让具有成就需要的人全身心地投入工作，并在竞争中获得成就感，将有利于阿米巴的创新和快速发展。

第三节　阿米巴领导人激励和团队激励操作要点

一、阿米巴领导人的激励

（一）主要方法

阿米巴领导人的激励方法，体现在以下方面：

1. 以阿米巴领导人为核心，进行独立核算和自主经营；

2. 以人为本，信任阿米巴领导人的经营能力；

3. 唤醒阿米巴领导人的激情和梦想；

4. 玻璃般透明的经营原则，让阿米巴领导人身先士卒地实践。

阿米巴并不把考核结果和个人以及团队的收益挂钩。阿米巴的奖励是让做得好的领导人得到提升，承担更大的责任，有更大的事业舞台。

阿米巴经营模式的业绩核算，主要针对经营效果和员工的努力成果，而业绩核算的意图是激励员工，以培养与企业家理念一致的经营人才为最终目的。通过阿米巴经营可以达到三个目的：第一个目的是“确立与市场挂钩的部门核算制度”；第二个目的是“培养具有经营者意识的人才”；第三个目的是实现“人人成为经营者”。

（二）阿米巴领导人激励操作要点

1. 明确阿米巴领导人的权限

公司由多个独立核算的阿米巴来经营，各个阿米巴组织就像是一家家中小企业，在保持活力的同时，以“单位时间核算”这种独特的经营指标为基础，充分发挥每一个员工的智慧，追求附加价值的最大化。

在竞争日益激烈的产品和有偿服务市场，企业面临的最大挑战就是如何快速地扩大企业规模，如何让公司品牌具有更大的市场竞争力和知名度。如果每一个阿米巴组织的规模都能够快速地扩大，公司的规模自然就扩大了。所以，公司要求把每一个阿米巴当成一个小的公司来经营，这就要求阿米巴领导人要具有独立核算和经营的意识。

企业需要确定阿米巴领导人的权限（决策权），如人事组织权限、财务权限、业务权限等。阿米巴领导人就会树立起经营者的意识，进而萌生出作为经营者的责任感，尽可能地努力提升业绩。

2. 实行信任激励

阿米巴经营是从公司内部选拔阿米巴领导人，并委以经营重任，从而培养出许多具有经营者意识的人才。

阿米巴经营模式的基础在于对阿米巴领导人的信任。相信阿米巴领导人的能力，把经营建立在互相信任的基础上，这是实现阿米巴经营最基本的条件。

阿米巴模式另一个重要的特点是“充分授权”。在阿米巴模式中，充分授权的最终目的其实在于培养阿米巴领导人，激发每个员工的创业热情，挖掘员工的企业家精神。在“人人成为经营者”的理念中，员工必定会备感尊重，从而将自己毕生的智慧与心血投入到自己的事业中去。

3. 精神激励：唤醒阿米巴领导人的激情和梦想

一个人只有真正想去做一件事情的时候，才能产生无穷的力量。要想成就一番事业，首先要有激情，只有胸怀激情的人去努力才能取得成功。而阿米巴的经营模式核心就在于唤起每位员工心中的创业激情与企业家精神。

要想唤醒阿米巴领导人的激情和梦想，企业必须拥有远大的战略目标，而企业文化必须能够引起阿米巴领导人、员工的共鸣，这是一个非常好的开始。阿米巴经营模式意在最大限度地释放员工的创造力，把大公司的规模和小公司的好处统揽于一身。公司制定出长远的战略发展目标，再制定出阿米巴的经营目标，把大家的力量凝聚在这个目标上，让阿米巴领导人按月进行核算管理，最终完成年度总经营目标。

二、阿米巴团队的激励

（一）主要方法

阿米巴团队的激励方法，体现在以下方面：

（1）实现全员参与的经营，人人成为经营者；

（2）通过单位时间核算，让员工们乐于互相竞争；

（3）超越家庭的大家庭主义；

（4）阿米巴制定了明确的目标，对团队成员形成良好的激励机制。

阿米巴经营就是以阿米巴领导人为核心，让其自行制订各自的计划，并依靠全体成员的智慧和努力来完成经营目标。通过这样一种做法，让第一线的每一位员工都能成为主角，主动参与经营，进而实现“人人成为经营者”。

（二）操作要点

1. 实现全员参与的经营，人人成为经营者

阿米巴组织要激励每一个员工在各自的工作岗位上为自己所属的阿米巴组织做出贡献，为了阿米巴的发展而齐心协力地参与经营，并且在工作中感受人生的意义和成功的喜悦，实现“全员参与的经营，人人成为经营者”。

2. 通过单位时间核算，让员工们乐于互相竞争

在阿米巴经营模式中，虽然单位时间核算并不能直接与

薪酬挂钩，但阿米巴员工们却乐于互相竞争，为了实现阿米巴经营目标，不怕被考核，反而在完成经营目标的过程中感受到无穷乐趣。在这样的情况下，这样的员工已经完全成为工作的主人了。

由于阿米巴领导人拥有人事组织权限、财务权限、业务权限等，为了完成经营目标，阿米巴领导人常常需要自主、迅速地做出判断。在这样的模式下，阿米巴领导人都具有企业家的气质。

3. 超越家庭的大家庭主义

阿米巴经营模式要求有“大家庭主义”。在阿米巴组织这样的大家庭里，每个员工都是家庭成员，尊重员工就是尊重自己。

阿米巴经营的单位时间核算制度，同样是以家庭记账模式进行的，简单到让人觉得就是在家里记账一样，让员工产生亲近感。每个阿米巴组织都像一个家庭，而企业就像一个更大的家庭。在这样的家庭背景下，每个员工都有为了“大家庭”的长盛不衰而努力的动力和责任感。每个员工都产生“经营者”的心态，而不会有“打工者心态”。

4. 调动阿米巴员工的积极性，激励员工主动、积极地工作

在一些导入阿米巴经营模式的企业，每位员工如果完成超出预定目标的工作量就会得到额外奖励，以此调动阿米巴员工的积极性，激励员工主动、积极地工作。这样，团队成

员对阿米巴管理模式的态度、工作面貌和关注重心都发生了明显的变化。

案例

柏明顿有一家客户，这家公司主要研发和生产电子产品。该公司通过导入阿米巴经营模式，调动阿米巴员工的工作积极性。当员工的主动性和积极性被极大地调动起来后，工作方式得到提升，开始从用户的角度思考问题，服务态度和服务意识都更加主动。

阿米巴组织在为用户提供服务的过程中，团队成员会主动与用户沟通。日常注重避免漏单等情况的发生，尽力减少漏单，并及时进行补单。无论一线服务台还是二线现场团队，都开始从初期的不知所措，变得开始欢迎、拥抱阿米巴模式。阿米巴正在成为优化、改进服务质量和效率的动力，用户体验值也得以明显提高。

同时，阿米巴领导人不再仅仅盯着实施团队的管理和监控，而是会从用户的角度思考出现的问题和故障，从用户的角度考虑如何提升服务质量。员工从以前仅关注解决率、解决时间等指标，转向关注用户服务的体验值和解决率。

扫码可获得以下内容：

1.阅读本书的电子书。
2.观看企业管理课程视频。
3.获得中国经济出版社定制的精彩书单。

第二章　阿米巴薪酬设计

激励机制能够让员工发挥出最佳的潜能，为企业创造出更大的价值。激励的方法很多，但是薪酬可以说是一种最重要的、最易使用的方法。它是企业对员工给阿米巴所做的贡献的相应的回报和答谢。在员工的心目中，薪酬不仅仅是自己的劳动所得，它在一定程度上代表着员工自身的价值、阿米巴对员工工作的认同，甚至还代表着员工个人的能力和发展前景。

长期激励报酬方案诸如持股计划、期权计划和利润分享等，将人力资本的薪酬与阿米巴绩效相联系，作为年度现金报酬的补充。

本章目标

1. 操作：阿米巴薪酬设计。
2. 理解：期薪：对优秀者最大的激励。
3. 操作：三三制薪酬设计技术。

形成成果

阿米巴薪酬制度。

第一节　各阿米巴负责人工资设计

一、确定阿米巴工资率

阿米巴工资率=工资总额①÷销售额②

其中，①工资总额=阿米巴负责人的工资+阿米巴全体员工的工资+全员福利；

②销售额=阿米巴的实际销售收入。

其中，工资的内涵科目界定如表2-1所示：

表2-1　工资详细科目界定

员工分类	直接人员	间接人员
员工范围	直接在制造车间从事生产工作的人员	除直接人员以外的所有员工，包括BU负责人、行政、销售、技术、生产管理等
工资科目序号01~05，无序号04	固定工资、计件工资、绩效奖、加班费、夜餐补贴、生活补助、退房补贴、特殊岗位补贴、工龄奖、月度奖金、全勤奖、品质奖、其他补贴	固定工资、绩效奖、加班费、生活补助、夜餐补贴、月度奖金、其他补贴
福利科目序号06~08	社保费用、强制性公积金、住房公积金、公司活动费、菜金、补偿金、工伤医疗费、培训费（原资料费+出差费+内部会务费）、招聘费用（仅限子公司）	

续表

员工分类	直接人员	间接人员
说明	该工资科目中没有包括以往的高管年终红包、直接人工的1200元年终奖、间接人员的平均0.8个月工资的年终奖。这部分奖金全部列入第三章规定	

二、各阿米巴负责人的工资结构

1. 现行工资结构情况说明

年薪总额 = $\sum_{1-12月}$固定月薪 + 年终红包或提成

2. 新的工资结构

推行阿米巴后，将统一所有阿米巴负责人的工资结构，计算公式如下：

阿米巴负责人年薪总额 = $\sum$固定月薪 + 阿米巴年度效益奖金的个人部分

3. 新的工资结构说明

（1）现行阿米巴$_{1-12月}$负责人固定月薪金额及发放方式以当年平均月薪为准，任期三年内不变；

（2）年终红包、年终提成不再单独发放，计入阿米巴$_{1-12月}$年度效益奖金总额预算之中。

第二节　三三制薪酬设计技术

阿米巴的薪酬设计，主要参考柏明顿开发的三三制薪酬设计技术。如图 2－1 所示：

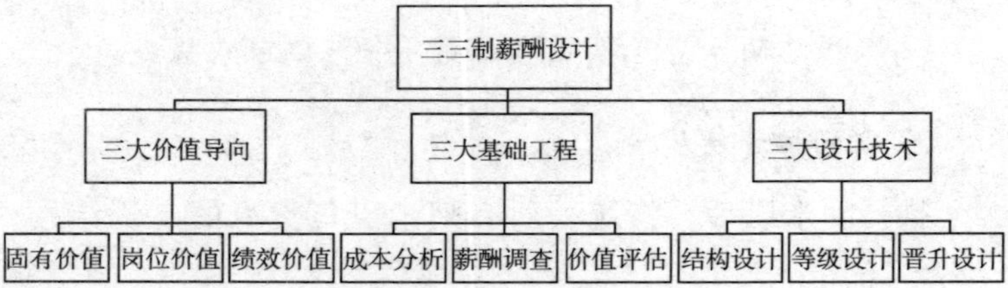

图 2－1　三三制薪酬设计

一、三大价值导向

（一）固有价值

固有价值也称“个人价值”，即员工本身所具有的价值，不易随着服务对象、岗位的变化而发生太大的变化，它主要包括学历、专业、职称、工龄、人才来源地等方面。企业要尊重员工的固有价值部分，承认一个人的固有价值，即承认一个人对未来有积极影响的过去。这些固有价值在整体的薪酬设计结构方面应该占有一定的比例。企业想要长期发展，就要进行战略性的人力资源管理，而薪酬制度是战略性人力资源管理的前提。

（二）岗位价值

岗位价值也称“使用价值”，即把一定量固有价值的员工安排在某一特定的岗位上，而岗位的职责与特征是决定员工所能做出的贡献大小的基础平台。从理论上来讲，岗位价值不会因为担当该岗位的责任制的不同而发生变化，它是一个相对静态的价值系数。

1. 当一个人的个人价值大于岗位价值时，就会出现：

⊙人才浪费，或英才变成庸才；

⊙增加人力成本，或导致人才流失。

2. 当个人价值小于岗位价值时，就会出现：

⊙员工无法全面履行职责；

⊙员工勉强履行职责，但质量或绩效不高；

⊙企业对该岗位的期望大大降低。

所以，阿米巴在招聘的时候，就要考虑到使个人价值与岗位价值尽量匹配，不要造成人才的浪费或是不胜任岗位，这也是科学设计薪酬体系的前提。而通过合理地评价岗位价值而设计的岗位薪酬标准，不应该因为应聘该岗位人员的肤色、年龄、性别等外在因素而改变太多。

（三）绩效价值

绩效价值，即员工在某一特定岗位上为企业创造的价值，并且这个价值值得企业发生购买行为。因为从雇佣关系的意义上来讲，员工其实也是一种商品，只不过阿米巴所购买的不是员工的身体，也不是学历、专业、职称等固有价值，而是员工在工作期间运用固有价值所创造出来的绩效。

三大价值导向为阿米巴进行人才招聘和薪酬设计提供了理论依据和科学的解释。

三大价值导向的关系如图 2 –2 所示。

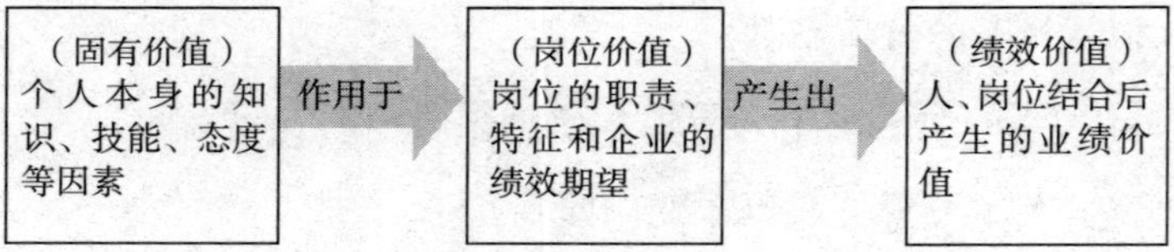

图 2 –2　三大价值导向的关系

思考　设计阿米巴薪酬制度，如何体现出三大价值导向？

二、三大基础工程

（一）成本分析

在这里，我们主要进行人力成本分析。

1. 什么是人力成本分析

要进行人力成本分析，首先需要知道人力成本的内容。

（1）从概念上来讲，人力成本分为三个部分：

⊙标准工作时间的员工标准所得（主要是工资部分）；

⊙非标准工作时间的企业付出（通常所说的福利部分）；

⊙人力成本的开发部分（包括内部开发和外部开发，内部开发主要指培训，外部开发主要指招聘）。

（2）进行人力成本分析的目的一般包括：

⊙帮助企业设计能招到人的工资标准；

⊙分析人力总成本的合理性；

⊙预算和控制薪资总额或总比例（人力成本率）；

⊙有目标性地提高人均效益，降低人力成本率。

（3）人力成本率的计算公式为

人力成本率 = 当期总人力成本 ÷ 当期销售额

2. 确定人力成本与销售额的关系

人力成本占销售额的比例多大才合理呢？不同的行业、企业，或者某一个企业在不同阶段都会有一定的变化，但这个变化是有规律的。我们通过若干时间的数据就可以得到一个常数，这个常数的变化不会太大。

所以，人力资源管理者经常要做的一件事情，就是注意收集有用的相关数据，把两年以前或者三年以前的数据与现在进行对比，有进步就是好的。

3. 人力成本分析的方法

（1）历史数据推算法。

计算人力成本率的方法较多，但我们比较常用的就是运用历史数据推算法得出人力成本率这个常数，因为它比较简单。

（2）损益临界推算法。

⊙由财务部计算出公司损益临界点：

损益临界点 = 固定成本 ÷ 临界利益率

临界利益率 = 临界利益 ÷ 销售额

临界利益 = 销售额 - 变动成本

⊙统计出现在临界点时的人力成本。

⊙计算人力成本率：

人力成本率 = 临界点的人力成本 ÷ 临界点的销售额

（3）劳动分配率推算法。

劳动分配率 = 人力成本 ÷ 附加值

附加值 = 销售额 - 购入值（材料 + 外加工费）

附加值率 = 附加值 ÷（销售额 - 附加值）

人力成本率 = 附加值率 × 劳动分配率 = 人力成本 ÷ 销售额

4. 人力成本分析的比例

（1）总人力成本与销售额的比例，见表 2-2。

表 2-2 总人力成本与销售额的比例（供参考）

企业规模（人）	总人力成本/销售额（%）
5000 以上	11
1000 ~ 4999	12
300 ~ 1000	13
100 ~ 299	14

续表

企业规模（人）	总人力成本/销售额（%）
30~99	15
平均值	13

（2）人力成本构成及比例，见表2-3。

表2-3 人力成本构成及比例

<table>
<tr><td rowspan="2">基本工资</td><td>职务工资</td><td rowspan="8">标准工作时间内工资，占60.5%</td><td rowspan="12">每月支付工资总额87.5%</td><td rowspan="16">支付费用总额100%</td><td rowspan="8">假设为100%</td><td rowspan="19">总人力成本</td></tr>
<tr><td>职能工资</td></tr>
<tr><td rowspan="6">各种津贴</td><td>职务津贴</td></tr>
<tr><td>眷属津贴</td></tr>
<tr><td>地域津贴</td></tr>
<tr><td>住房津贴</td></tr>
<tr><td>交通津贴</td></tr>
<tr><td>环境津贴</td></tr>
<tr><td colspan="2">加班费</td><td rowspan="3">工作时间以外工资占8.5%</td><td rowspan="11">上面假设的70%</td></tr>
<tr><td colspan="2">值日津贴</td></tr>
<tr><td colspan="2">临时津贴</td></tr>
<tr><td colspan="2">奖金</td><td>18.5%</td></tr>
<tr><td colspan="2">离职补偿</td><td>2.5%</td><td rowspan="4">其他支付12.5%</td></tr>
<tr><td colspan="2">法定福利</td><td>5%</td></tr>
<tr><td colspan="2">法定外福利</td><td>3%</td></tr>
<tr><td colspan="2">其他</td><td>2%</td></tr>
<tr><td rowspan="3">与销售额挂钩费用</td><td>招聘费用</td><td colspan="2" rowspan="3">变数太大，因各企业情况而异</td><td rowspan="3">消耗费用</td></tr>
<tr><td>培训费用</td></tr>
<tr><td>其他费用</td></tr>
</table>

（二）薪酬水平调查

薪酬水平调查的主要作用是确保薪酬的外部竞争力，解决企业应该设计怎样的工资标准才能招到人的问题。

有一种十分简单而又非常经济、有效的方法——利用招聘的机会进行薪酬调查。

首先，设计好一份实用的表格。

其次，公布招聘的职位。招聘广告上列出企业所想了解的每个岗位的名称及职责。

（三）价值评估

1. 岗位评估

我们要制定科学合理的薪酬制度，绝对不要只看到岗位的固有价值。薪酬的调升主要的决定因素是本人绩效的提升。

第一，评价指标体系的建立。

岗位评价不但要明确岗位状况和工作量的差异，还要满足企业人力资源管理基础工作的需要，促进人力资源管理工作的发展。因此，必须在决定工作岗位、工作状况和工作量的众多因素中，选择合适的因素，进行全面、科学的评价。

第二，评价的操作。

岗位评价的实施一般都是通过一定的标准，对所有岗位的内部比较价值进行评分，并根据价值分数的高低进行排序。

常用的岗位评价方法主要有排列法、分类法、评分法、因素比较法、国际标准职位评价系统（ISPES）、海氏职位评估系统等。

第三，评价结果数据的处理。

通过岗位评价的测定和评定工作，会得到大量的原始数据。必须对这些数据进行处理和计算，才能得到评价结果。正确地进行数据处理和计算，是取得科学评价结果的重要保证。

第四，评价数据的计算方法。

评价数据的计算，包括劳动强度和工作环境各因素测定数据分级的计算，工作责任、工作技能各因素评定等级的计算以及岗位综合评价的计算。如果评价岗位很少，可以采用人工计算；若分级岗位过多，应使用计算机进行数据处理和计算。

2. 能力素质评估

（1）模型建立的作用。

企业需要构建能力素质模型来对所有岗位的员工，包括对服务于同一类岗位的不同人员进行评价，而且这个评价的结果将成为他们报酬的核心因素。

（2）模型建立的程序：

①定义绩效标准。根据企业发展战略及各类岗位的要求，界定各类岗位绩效优劣的标准。

②选取分析样本。

③获取有关能力素质的数据资料。

④建立能力素质模型。从企业使命、愿景、战略以及价值观中推导特定员工群体所需的核心能力素质，再与获取的调查资料结果相结合，建立最终的能力素质模型。

⑤完善能力素质模型。通过采用回归法或其他相关的验证方法，把初步建立的能力素质标准与相应职位匹配的员工能力素质进行具体分析对比、检验，完善标准。

思考 你在设计阿米巴薪酬制度的过程中，如何制定三大基础工程？

三、三大设计技术

三大价值导向指明了薪酬设计的思路，三大基础工程奠定了薪酬设计的数据基础，但二者都必须最终通过薪酬设计来体现在有关制度和表格上，以便于日常操作。任何科学的薪酬设计都必须包括三个方面的设计，即结构设计、等级设计和晋升设计。

（一）结构设计

1. 薪酬结构设计的作用

薪酬的特性除具有保健作用外，更重要的还应该具有激励作用。即使在总金额相等的情况下，由于结构及其比例的不同，对于员工的激励也会出现“石墨与金刚石”的差距。

“高固定＋低浮动”的薪酬结构保健作用较大，对于招人和留人有一定的好处，但不易激发员工工作的积极性；相反，“低固定＋高浮动”的薪酬结构激励作用较大，比较容易激发员工的工作热情，但对于招人和留人的风险性就高了。

2. 绩效型薪酬结构及比例的设计

根据三大价值导向原理，其实任何薪酬结构都是由以下三部分组成的，万变不离其宗，见表2－4。

表2－4 薪酬结构表

一级结构	个人工资（一般称资历工资）			岗位工资		绩效薪资	
二级结构	工龄补贴	学历补贴	能力薪资	岗位薪资	职务补贴	绩效薪资	各种奖金

3. 绩效工资的分配

月工资分配的计算如下：

（1）分配岗位工资。

①计算固定薪点值：

固定薪点值＝目标年薪÷∑年薪总薪点数

年薪总薪点数＝∑各岗位薪点数

②岗位工资＝岗位工资薪点数×固定薪点值

（2）分配绩效工资。

绩效工资总额＝月薪总额－岗位工资总额

（3）计算部门绩效工资总额。

部门绩效工资总额 =

$$\frac{\text{公司绩效工资总额}\times\text{部门绩效工资薪点数总额}\times\text{部门绩效考核系数}}{\sum(\text{部门绩效工资薪点数总额}\times\text{部门绩效考核系数})}$$

（4）计算个人绩效工资。

个人绩效工资 =

$$\frac{\text{部门绩效工资总额}\times\text{个人绩效工资薪点数}\times\text{个人绩效考核系数}}{\sum(\text{个人绩效工资薪点数总额}\times\text{个人绩效考核系数})}$$

（5）年终奖的分配。

年终部分 = 全年部分 − 已经发放部分

（6）计算部门年终奖总额。

部门年终奖总额 =

$$\frac{\text{公司年终奖总额}\times\text{部门年终奖薪点数总额}\times\text{部门年度绩效考核系数}}{\sum(\text{部门年终奖薪点数总额}\times\text{部门年度绩效考核系数})}$$

（7）计算个人年终奖。

个人年终奖 =

$$\frac{\text{部门年终奖总额}\times\text{个人年终奖薪点数}\times\text{个人年度绩效考核系数}}{\sum(\text{个人年终奖薪点数总额}\times\text{个人年度绩效考核系数})}$$

操作　设计你公司或阿米巴的薪酬结构。

（二）等级设计

1. 薪酬等级设计的条件

薪酬等级的设计建立在两方面工作的基础上：一是岗位评价；二是根据职务等级来划分。如果岗位评价没有做，可以把行政等级乘以3，得出的数字基本等于该公司的薪酬等级，这是一种比较简单的方法。

2. 薪酬等级设计的方法——柏明顿的“六步法”

从技术层面上来讲，柏明顿的“六步法”是薪酬等级设计较为实用的方法，简单介绍如下：

第一步：确定薪酬等级。

第二步：确定各薪酬等级的金额。

第三步：确定各薪酬等级金额的上下限。

第四步：确定同一薪酬等级的薪级数。

第五步：确定薪级差额。

第六步：形成薪酬等级薪级表。

3. 薪酬等级递增的方式

薪酬等级递增的方式一般有两种，各企业因企业文化的不同而采取不同的薪酬等级方式。

第一种：随着薪酬等级递增，薪酬额度越加越小。

第二种：随着薪酬等级递增，薪酬额度越加越大。

前一种主要是针对那些高科技含量的知识型，要求具有比较强的创新能力和爆发能力的一类企业或岗位；而后一种是要求经验型的企业或岗位，越有经验，价值越大的，像老中医。这些就是薪酬等级的确定。

操作 设计你公司或阿米巴的薪酬等级。

（三）晋升设计

1. 薪酬级别的晋升

一般情况下，谈到薪酬晋升的时候，我们都会认为是薪酬级别的晋升。但当薪酬级别晋升到了最高的时候，员工的薪资就没有了晋升的空间，唯一的机会就是普调。这时候，就可以运用等级工资的方式进行调整，从而给员工更大的晋升空间。

形成一定的制度后，让员工清楚地了解之所以升或降的原因，这样对员工才真正具有激励作用。

2. 绩效考核结果与薪酬调整

人力资源管理者要能够做到让员工清楚他们以后几个月甚至一两年内的工资状况。这就需要人力资源管理者提前做好一系列工作，给员工一个清晰明朗的薪酬调整制度。

3. 薪酬晋升的设计

第一步：确定调整后想要达到的薪级。

第二步：确保满足第一步的条件——年度考核总得分。

第三步：确保满足第二步的条件——各月考核结果等级。

第四步：确保满足第三步的条件——各月考核得分。

第五步：确保满足第四步的条件——将绩效得分分解到各考核项目上。

如表 2－5 所示：

表 2－5 ××公司销售主管绩效计划表（部分）

考核项目	最高指标	考核指标	最低指标	配分	计分方法	数据来源	考核周期
销售计划完成率	110%	95%	90%	50	略	财务部	累计叠加
货款及时回收率	95%	90%	85%	40	略	财务部	月度
销售费用率	2%	3%	4%	10	略	财务部	累计叠加

操作 设计你公司或阿米巴的薪酬晋升方法。

第三节　期权薪酬：对优秀者最大的激励

阿米巴期权方案在吸引、保留和激励核心员工，把员工激励与股东价值互相联结，提供员工在财务上分享公司成功的机会等方面具有无可替代的作用，许多企业仍然会将其作为对高管及其雇员提供激励的首选方式。

一、从全盘薪酬定位期权

阿米巴期权薪酬只是公司薪酬体系的一个工具，企业不能单纯从期权薪酬的作用上去设计期权制度，而是要从公司全盘薪酬制度的角度来定位、制定期权薪酬制度。只有这样，才能避免期权不被看重的尴尬。

例如，企业在上市前阶段，当公司推迟或取消上市计划时，期权方案通常会失去激励价值。因为，在公司上市之前，授予员工的期权没有或只有有限的价值，并且会有定价难等实施上的问题。因此，在公司上市计划相当肯定时才适合实行期权方案。

如果在可预见的未来公司不计划上市的情况下，最好使用以现金为基础的长期激励计划。此外，期权薪酬的实施也与公司成长程度密切相关。对于高速成长的公司，期权方案的实施通常会非常成功，因为股价的上升将导致期权持有者获得实质的收益，从而显现出相当的激励作用。对于具有相对稳定股价的公司来说，则适合与其他长期激励工具结合使用，如限制性股票或业绩计划。也就是说，期权薪酬制度并不是对所有的公司都非常有效。

对于一个发展相对稳定的公司来说，单一的期权方案可能并不是最合适的长期激励工具。人力资源部需要确定哪种薪酬工具最适合员工。在这些问题都还没有明确的前提下，仓促推行期权方案而缺乏全面彻底的考虑，必定会在实施过程中困难重重。

二、期权薪酬方案的设计

期权薪酬方案的设计涉及财务、人力资源、法务及审计等多个部门的协作。在期权薪酬的方案设计阶段，人力资源部需要考虑方案的关键目标、授予资格和数量、生效条件、估值的基础（对还没上市的公司）、摊薄影响、终止条款、其他限制性条款等。另外，也需要考虑未来业务的战略和发展、运营模式。

期权薪酬是具有法律效力的，因此方案应包括相关法律文件、实施的详细计划等，上报董事会批准后才开始实施。在这个过程中，人力资源与法律部门介入较多，且前者处于主导角色。中国企业的期权薪酬方案在设计上其实并不乏合理性，但是在实施过程中栽跟头的居多。

设计方案时最经常出现的缺陷是：与公司核心员工的期望和价值不匹配；此外，就是缺乏对公司股价可能出现显著而持续跌落的预期。一旦出现这种情况，期权激励很可能就会成为一种负激励。

思考 如何设计阿米巴的期权薪酬方案?

三、阿米巴期薪实施的五个步骤

一旦期权薪酬方案确定下来后，阿米巴就应在实施过程中扮演主导与协调作用，其中最关键的是做好员工沟通的工作。

第一步，阿米巴要确定授予期权的人选

谁有资格得到公司派发的期权？如何保证公平？这些细节问题都有可能在实施后影响员工士气。

在这方面，则可将选择权提交给阿米巴巴长，因为巴长对哪位员工有资格获得期权更为清楚。但公司也必须要求阿米巴巴长提供明确的依据，诸如绩效考核结果等。最后的决定权仍然是公司总部。

第二步，准备与员工的沟通材料，包括行权操作及有关的培训手册

公司人力资源部根据已经确定的期权方案，制作一系列用于与员工进行沟通的说明文件。对普通员工来讲，期权是一个复杂的概念，而期权通常又是有生效限制的，如只有期权持有者在已经为公司服务了一定时间之后才可以行权。针对这一系列问题，人力资源部都应在事前做好行权操作指南等培训手册，让员工了解期权的行权及有效限制等，避免实施过后的各种误会。

第三步，对阿米巴巴长及员工进行期权方案的培训

在期权方案的实施中，最困难的一个方面是就此激励方案与员工进行沟通，特别是在授予的过程中有内部不平衡的情况发生。建议阿米巴巴长和人力资源部之间进行充分的沟通，确保阿米巴巴长理解期权方案的目的、机制，以及激励与个人业绩和期望之间的联系。人力资源部针对期权方案的实施目的、疑难等问题对阿米巴巴长及授予员工进行培训，明确告诉员工行权的程序、限制等。要特别做好阿米巴巴长的培训，由他们在实施过程中协助辅导员工的沟通工作。

第四步，发放期权

在这个过程中，人力资源部要与财务及法务部门合作，完成期权的发放。

第五步，日常维护

期权方案实施后，人力资源部还要做好员工沟通的工作，解释员工的一些困惑与疑难。例如，行权期到了，员工如何行权等问题。此外，还要跟踪统计员工的行权情况，并根据实施情况提出修改相关条款。

在期权方案实施过程中，人力资源部需要联系法律部准备方案的法律文件，需要财务部计算会计成本，需要税务部门来帮助员工理解税收影响。此外，在授予建议过程中，人力资源部需要与阿米巴巴长联系，协助他们进行授予和沟通工作。在期权方案的实施中，公司高管层的参与是非常重要的。高管层的积极参与，可以保证足够的重视程度和资源的合理分配；同时，也会强调激励方案的重要性，以及认可被授予员工的业绩和贡献。高管的参与程度越高，公司从期权方案中获得的员工激励和保留价值就越高。

操作　设计你公司或阿米巴的期权薪酬方案。

表 2－6　人力成本统计与分析

月份			1月	2月	3月	4月	5月	6月	7月	8月	9月	10月	11月	12月
收入统计		销售额												
		实际回款额												
研发系统	人数统计	平均在职人数												
	人力成本总和	员工实发工资												
		最高领导年薪												
		社保费用												
		住房公积金												
		其他福利												

续表

月份			1月	2月	3月	4月	5月	6月	7月	8月	9月	10月	11月	12月
营销系统	人数统计	平均在职人数												
	人力成本总和	员工实发工资												
		最高领导年薪												
		社保费用												
		住房公积金												
		其他福利												
制造系统	人数统计	平均在职人数												
	人力成本总和	员工实发工资												
		生产工人工资												
		最高领导年薪												
		社保费用												
		住房公积金												
		其他福利												
注塑厂	对消费电源以外的销售额													
	对消费电源以外的回款额													
	人数统计	平均在职人数												
	人力成本总和	员工实发工资												
		生产工人工资												
		最高领导年薪												
		社保费用												
		住房公积金												
		其他福利												

续表

月份			1月	2月	3月	4月	5月	6月	7月	8月	9月	10月	11月	12月
……	人数统计	平均在职人数												
	人力成本总和	员工实发工资												
		最高领导年薪												
		社保费用												
		住房公积金												
		其他福利												

表2－7　2015年与2016年人工成本对比

项目	年度	类型	1月	2月	3月	4月	5月	6月	7月	8月	9月	10月	11月	12月	合计
第一BU	2016预算	产值													
		直接人工													
		间接人工													
		总人工													
		直接人工比													
		间接人工比													
		总人工比													
	2015实际	产值													
		直接人工													
		间接人工													
		总人工													
		直接人工比													
		间接人工比													
		总人工比													
	2016对比2015	直接差异													
		间接差异													
		总人工差异													

续表

项目	年度	类型	1月	2月	3月	4月	5月	6月	7月	8月	9月	10月	11月	12月	合计
第二 BU	2016 预算	产值													
		直接人工													
		间接人工													
		总人工													
		直接人工比													
		间接人工比													
		总人工比													
	2015 实际	产值													
		直接人工													
		间接人工													
		总人工													
		直接人工比													
		间接人工比													
		总人工比													
	2016 对比 2015	直接差异													
		间接差异													
		总人工差异													

续表

项目	年度	类型	1月	2月	3月	4月	5月	6月	7月	8月	9月	10月	11月	12月	合计
……	2016 预算	产值													
		直接人工													
		间接人工													
		总人工													
		直接人工比													
		间接人工比													
		总人工比													
	2015 实际	产值													
		直接人工													
		间接人工													
		总人工													
		直接人工比													
		间接人工比													
		总人工比													
	2016 对比 2015	直接差异													
		间接差异													
		总人工差异													

扫码可获得以下内容：

1.阅读本书的电子书。
2.观看企业管理课程视频。
3.获得中国经济出版社定制的精彩书单。

第三章　阿米巴奖金设计

阿米巴奖金体现了员工对阿米巴组织的贡献。如果员工对阿米巴组织的贡献大，相应的奖金就多；如果贡献小，相对就少。奖金的目的在于激励员工更好地为公司和阿米巴组织创造价值，这也是衡量发放奖金是否成功的标准。只要能达到这个目的，就达到了发放奖金的目的，就是成功的，如果没有起到激励的作用，没有提高员工的积极性，那么就是失败的。

本章目标

1. 操作：阿米巴奖金设计。
2. 理解：阿米巴奖金的类型。
3. 操作：阿米巴年度效益奖金设计。
4. 操作：总部职能中心总监级以上人员奖金设计。
5. 理解：阿米巴奖金设计的三大导向。
6. 操作：阿米巴奖金分配方案。
7. 理解：阿米巴收益与奖金总额测算。

形成成果

阿米巴奖金分配方案。

第一节 阿米巴奖金设计概述

一、阿米巴奖金设计的特点

阿米巴奖金与员工业绩密切相关。员工奖金支付根据员工个人季度工作所负的责任、工作绩效及主要完成项目的情况而定，同时也会考虑总薪酬的情况。根据薪酬政策，阿米巴组织每年对薪酬计划进行审查和修改，以保证阿米巴奖金计划能在市场竞争和成本方面保持平衡。

阿米巴奖金设计，主要有如下特点：

（1）哲学：利他共赢；

（2）来源：超越阿米巴经营目标之上的收益；

（3）公司与本阿米巴进行分配；

（4）对阿米巴单元而不对个人。

二、阿米巴奖金层次

阿米巴奖金层次体现在：第一，任务完成奖金；第二，超额奖金。

如表3－1、表3－2所示：

表 3－1　任务达成比例

达成率 Z	<60%	60% Z≤70%	70% Z≤80%	80% Z≤90%	90% Z≤100%
激励系数	0	0.6	0.8	0.9	1.0

表 3－2　利润超额奖金比例

超额利润	超额比例区间 X_{1-5}	BU 奖金比例	任务超额奖金 B_{1-5} 计算公式
M_1	$X_1 < 10\%$	30%	$B_1 = M_1 \times 30\%$
M_2	$10\% \leq X_2 < 30\%$	35%	$B_2 = B_1 + (M_2—M_1) \times 35\%$
M_3	$30\% \leq X_3 < 60\%$	40%	$B_3 = B_1 + B_2 + (M_3—M_2) \times 40\%$
M_4	$60\% \leq X_4 < 100\%$	45%	$B_4 = B_1 + B_2 + B_3 + (M_4—M_3) \times 45\%$
M_5	$100\% \leq X_5$	50%	$B_5 = B_1 + B_2 + B_3 + B_4 + (M_5—M_4) \times 50\%$

思考　如何进行阿米巴奖金设计？有哪些需要注意的要素？

三、阿米巴奖金设计顺序

阿米巴的奖金设计有两种：第一种是自上而下设计；第二种是自下而上设计。如图 3－1 所示：

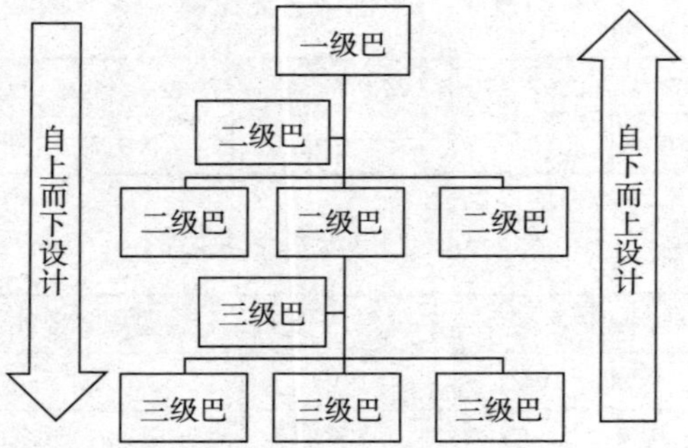

图 3－1　阿米巴奖金设计顺序

这是两种不同的设计方向：

第一，自上而下设计。只设计上一级阿米巴的奖金总额，由其统筹下一级。

我们只设计上级阿米巴的奖金总额，下面好几个阿米巴就不管了，即交给上级阿米巴巴长去负责。

如一家公司进行奖金设计，做到二级阿米巴为止。至于三级阿米巴的奖金怎么发，你这个二级阿米巴的巴长说了算。这是自上而下的。

第二，自下而上设计。从最底层阿米巴开始设计，形成复合阿米巴。

我们先设计三级阿米巴，之后设计二级阿米巴，接着设计一级阿米巴。

但通常情况下，每一个上级阿米巴都包含一个或一个以上的二级阿米巴，这就形成一个复合阿米巴。

所以，自下而上设计的时候要注意，上一级阿米巴只有确定下一级各个阿米巴都完成了一定的业绩比例，或者是整个阿米巴都完成了一定业绩比例的时候，才能拿到奖金。

思考 阿米巴奖金设计的特点是什么？

第二节　阿米巴奖金的类型

阿米巴奖金薪酬设计，主要包括绩效奖、项目奖、年终奖、全勤奖、超产奖和节约奖等类型。

其类型见表 3－3：

表 3－3　阿米巴奖金薪酬设计的类型

奖金类型	获奖方法	奖励标准
绩效奖	以员工个人为分配单位，根据当月绩效考核情况确定奖励额	生产成本、数量、质量和产品交货率
项目奖	以产品研究、开发和生产小组为分配单元，根据其在生产过程中的贡献值确定	产品的技术含量、成本回收期或生命周期，以及经济效益
年终奖	以员工个人为分配单元，总量不超过年度效益的 0.5%；不满年度员工的年终奖按一定比例发放	员工岗位职级和年度考核结果、企业的年度效益
全勤奖	以节约生产成本的员工个人或集体为分配单位，奖金率按照成本高低和降低消耗的难易程度计算	当月考勤全勤，无无故迟到、早退记录
超产奖	以员工个人为分配单位，一般按月规定额度	合格产品生产数量，生产提前期
节约奖	以生产小组或生产线为分配单位，由生产管理部分规定奖励比例，小组或生产线全员分摊	生产成本的实际消耗量和节约量

生产型企业，生产阿米巴与销售阿米巴奖金一般独立计算和评核（见表3－4），奖金比例由企业参考相关行业奖金水平和自身经济情况来确定（不同层级员工奖金薪酬设计方案示例做参考）。要强调的是，薪酬常与绩效考核挂钩。

表3－4 生产阿米巴与销售阿米巴奖金设计

内容	说明
生产阿米巴	1. 按目标利益达成率发放，最高限额为固定基数的20%，达成率低于80%，不计提奖金； 2. 主要评核项目包括产量（超产、因不可抗力导致的减产、试制品成本）、主材料耗用量、生产成本（直接人工、间接人工、器材消耗费、维护保养费）、成品品质、客户投诉
销售阿米巴	1. 按目标利益达成率核发奖金，奖金比例自定；规定达成率，低于达成率，不计提奖金； 2. 主要评核项目包括营业额或销售量、营销费用（薪资、运费、文具印刷费、交通费、修护费）、应收账款周期、客户投诉

思考 你在公司或阿米巴，主要采用哪些奖金类型？

第三节　阿米巴年度效益奖金设计

一、成品阿米巴年度效益奖金总额计算方式

阿米巴年度效益奖金总额 T =（任务达成奖金 A + 任务超额奖金 B）×阿米巴年终综合考核得分/100③

1. 任务达成奖金 A

（1）当实际利润≤目标利润时，适用以下计算公式：

任务达成奖金 A = 达成率 × 实际利润 × 奖金比例① × 激励系数②

达成率 = 实际利润 ÷ 目标利润 ×100% ≤1（下同）

（2）当实际利润 > 目标利润时，适用以下计算公式：

任务达成奖金 A = 达成率 × 目标利润 × 奖金比例① × 激励系数②

（3）计算公式中的因素说明：

①奖金比例

a. 2016 奖金比例确定方法

奖金比例 =（阿米巴负责人 2015 年红包 +2016 年员工奖金总额预算）÷2016 年目标利润

员工奖金总额预算 =（∑间接人员预算工资 ÷12 ×0.8）+（直接人员编制人数 ×650 元）

b. 2015 年、2016 年奖金比例确定方法

奖金比例 = 上一年度（任务达成奖金 A + 任务超额奖金 B）÷上一年度实际利润

②激励系数

表 3－5　任务达成与激励系数对照表

达成率 Z	<60%	<60% Z≤ 65%	65% < Z≤ 70%	70% < Z≤ 75%	75% < Z≤ 80%	80% < Z≤ 85%	85% < Z≤ 90%	90% < Z≤ 95%	95% < Z< 100%	Z≥ 100%
激励系数	0	0.2	0.3	0.4	0.5	0.6	0.7	0.8	0.9	1

③年终综合考核得分

各阿米巴综合考核指标与评分规则，另见企管部相关规定。

2. 任务超额奖金 B

（1）当实际利润 > 目标利润时，阿米巴除享有上述项规定任务达成奖外，还享有本条规定任务超额奖金。具体计算公式如下：

任务超额奖金 B = ∑（超额利润① × 超额比例区间奖金比例②）

（2）计算公式中的因素说明：

①超额利润 M_{1-5} = 实际利润 － 目标利润

②超额比例区间 = （实际利润 － 目标利润）÷目标利润 ×100%

2014 年各 BU 的利润超额与奖金比例、计算公式见表3－6。

表 3－6　2014 年各阿米巴超额利润与奖金比例对照表

超额利润	超额比例区间 X_{1-5}	阿米巴奖金比例	任务超额奖金 B_{1-5} 计算公式
M_1	$X_1<30\%$	5%	$B_1=M_1\times5\%$
M_2	$30\%\leqslant X_2<50\%$	10%	$B_2=B_1+(M_2-M_1)\times10\%$
M_3	$50\leqslant X_3<70\%$	15%	$B_3=B_1+B_2+(M_3-M_2)\times15\%$
M_4	$70\%\leqslant X_4<100\%$	20%	$B_4=B_1+B_2+B_3+(M_4-M_3)\times20\%$
M_5	$100\%\leqslant X_5$	25%	$B_5=B_1+B_2+B_3+B_4+(M_5-M_4)\times25\%$

二、配套阿米巴年度效益奖金计算方式

阿米巴年度效益奖金总额 T＝奖金核算利润×奖金比例×BU 年终综合考核得分/100

1. 配套阿米巴奖金核算利润计算

奖金核算利润＝阿米巴总利润－原材料成本降低利润

2. 配套阿米巴无超额奖金，奖金比例计算方法、年终综合考核等计算同成品阿米巴。

三、成品阿米巴确定三年利润目标奖励办法

1. 如果在签订阿米巴总经理 2016 年协议时，不能一次性确定 2017 年、2018 年利润目标，则由阿米巴总经理与集团总裁每年重新确定一次年度业务计划及各项目标与预算。基础数据每年根据实际情况或预算而变更，同时每年签订一

次阿米巴总经理协议。

2. 如果在签订阿米巴总经理2016年协议时，能够一次性确定2017年、2018年利润目标，则工资率以2016年为准，三年不变，奖金按以下计算公式处理。

年度效益奖金总额 =（实际利润 × 上年度奖金比例① × 区间奖励系数②）× 年终综合考核得分/100

①上年度奖金比例 =（任务达成奖金A + 任务超额奖金B）÷ 上年利润

②区间奖励系数：见表3－7。

表3－7　利润增长比例与奖励系数对照表

增长区间	$Z_1<0\%$	$0\%\leqslant Z_2<20\%$	$20\%\leqslant Z_3<30\%$	$30\%\leqslant Z_4<50\%$	$50\%\leqslant Z_5$
奖励系数	0.8	0.9	1.1	1.2	1.3

3. 利润增长比例选择说明如下：

（1）各阿米巴可分别选择2015年和2016年的增长比例 Z_{1-5}（两年增长比例未必需要一致）；

（2）每年实际增长目标 ≥ 选定的增长目标时，按选定的增长区间所对应的奖励系数计算奖金总额；

（3）每年实际增长目标 < 选定的增长目标，但在 Z_2 范围内时，按 Z_2 的奖励系数计算奖金总额。

第四节　阿米巴年度效益奖金分配原则与发放方式

一、分配原则

1. 授权原则

集团授权阿米巴负责人提交奖金分配方案，任何其他单位或个人不得无故干涉。

2. 监审原则

阿米巴负责人在提交奖金分配方案后，交集团财务中心审核数据的准确性，交人资中心审核一般公平性，最后交总裁批准。

3. 优先原则

阿米巴年度效益奖金分配优先顺序，原则上按照直接员工→间接员工→BU 负责人。

4. 共享原则

当阿米巴获得奖金，尤其是获得超额任务奖金时，应当拿出部分奖金与上下游相关单位或个人、集团有关的单位或个人共享。共享金额与共享形式不限，包括直接分配奖金、共同欢聚、共同培训等。

5. 预留原则

从每年的奖金总额中至少预留10%作为乙方任期期满的离任审计抵押金，审计无误后，阿米巴总经理方可另行提拟分配方案。

二、发放方式

（1）首先参考阿米巴负责人的红包、间接人员0.8的系数、直接人员平均650元的历史标准。

（2）其中阿米巴负责人个人不超过本BU奖金总额的50%。

（3）分配到个人后，每年春节前发放60%，另外40%与6月工资同期发放。

（4）各阿米巴负责人正常离任、离职（按集团现行制度规定），不影响奖金发放的金额与日期。

第五节　总部职能中心总监级以上人员奖金设计

一、年终奖金设计

固定工资部分以2013年实际数据为基准，根据公司有关制度进行年度调薪。

年终奖金从2014年开始，按以下公式计算：

个人年终奖金总额 = 2013年实发金额 ×
个人年度考核系数 × 集团业绩系数

（1）个人年度考核以企管部统一设计并经总裁审核的为准，最高系数为120%。

（2）集团业绩系数 = （集团实际销售额 ÷ 目标销售额）×40% + （集团实际利润 ÷ 目标利润）×60%

其中，"利润"是指税前利润。

二、特别奖设计

凡是能够直接降低成本或增加销售收入、利润的项目，均可设立特别奖，具体由各中心申报、集团人资中心审核，总裁批准。

第六节　阿米巴奖金设计的三大导向

企业导入阿米巴经营模式，主要面临两方面的问题：一是企业无法招聘到高素质的人才；二是企业的人员一旦成长为高素质人才，就面临着其他企业“挖墙脚”的局面。因此，企业如何留住核心人员，做好人员的激励工作，成为阿米巴单元对人员管理的核心问题。

员工奖金设计的问题反映了公司目标实现的程度，也更多体现了企业员工的业绩表现，并且，合理的奖金制度是对阿米巴成员发展的强大动力，会为企业带来更好的绩效，增强企业竞争力。

经过多年的企业实践和研究，我们认为阿米巴激励要注重员工的工资与奖金的挂钩，并且阿米巴奖金设计方案要注重以下三个导向。

一、能力导向

以能力导向为主进行奖金设计。对于阿米巴成员来说，比起固定工资的发放，也许更加关注企业提成制度的设计，要求企业的奖金分配方面尽可能公平。所以，此时实行以能力为导向的奖金设计方案，可能会提高有此类需求员工的满意度。以能力为导向的奖金设计，要求不同能力的员工得到不同的奖金。

因此，为了更好地实行以能力为导向的奖金设计，可以通过设定奖金系数来反映员工的能力。根据奖金系数的不同而给予不同的奖金，使能者多劳。即员工的奖金系数越高，获得的奖金也就越高。如此可以使企业销售人员获得更好的个人绩效，激发其工作积极性，进而提高公司整体的经营业绩。

二、团队导向

以团队导向为主进行奖金设计。以销售阿米巴为例，大多销售项目需要企业营销人员以阿米巴团队的形式进行。此时实行以团队导向为主的奖金设计，将企业的奖金直接发放到销售阿米巴团队，而不是员工个人，会在更大程度上激发销售阿米巴成员的工作积极性，促进销售阿米巴成员间的交流、沟通与协作，也将会在更大程度上提高整个团队销售业绩。以团队导向为主的奖金设计，是对取得高业绩表现的销售阿米巴给予更高的奖金总额。

三、业绩导向

以业绩导向为主的奖金设计。进行以业绩导向为主的奖金设计，首先需要将企业的销售目标进行分级，通常销售目标可分为初级销售目标、中级销售目标、高级销售目标等类别。其中，不同的销售目标应该对应不同的奖金激励制度。其次将员工业绩纳入考核体系，作为奖金发放的依据，有利于企业由原来粗放式的简单管理步入系统化、科学化和精细化的轨道。

但是在进行以业绩导向为主的奖金设计时，阿米巴巴长需要重点注意与销售人员的绩效沟通、绩效反馈和绩效辅导，使企业在因为制定业绩目标过高导致员工无法完成目标时，能够进行及时的监控，更早地发现问题，进行问题的沟通反馈，适当地调整或降低销售目标，从而切实地帮助企业的销售人员实现自身的销售目标。

企业导入阿米巴经营模式，如何进行阿米巴成员的薪酬设计，尤其是奖金制度的设计，达到最佳的激励模式，是企业实现利益最大化的重点。良好的奖金设计制度，不仅可以节约企业的人力资源管理成本，还可以在更大程度上激励阿米巴单元创造更高的工作业绩。因此，通过上述奖金设计的三个导向即能力导向、团队导向、业绩导向的相互结合，可以有效地实现阿米巴成员奖金分配的合理设计，从而更加积极地体现正向的激励作用，以更好地提高阿米巴的运作效率，实现阿米巴业绩的有效增长。

第七节　阿米巴奖金分配方案

阿米巴奖金要分，怎么分？计算奖金不限金额，但发奖金要限制。你最多拿上三个月的，或者说最多拿到去年的两倍或三倍。多出来的奖金部分，全部转股，我们称之为“奖金转股”。

阿米巴奖金分配方案不是简单的发放奖励，其发放的目的应配合公司未来的发展战略，以实现公司、阿米巴组织、股东、员工等多方共赢的局面。

一、阿米巴奖金分配方案应实现的目标

（1）通过发放阿米巴奖金，激励员工士气，满足员工生存与发展的需要，降低内部矛盾与不公平感，并提升员工满意度与企业归属感，强化员工对公司文化认同感。

（2）通过阿米巴奖金分配方案制度的实施，增强公司及阿米巴的薪酬管理水平，使之能有效引导员工发展方向，提高员工的工作效率，降低员工流失率，特别是防止核心人才的流动。以短期激励和长期激励相结合的方式，吸引优秀核心人才，从而为企业节约人力资源成本（包括招聘、在职培训、解聘、薪资支出等人力资源成本）。

（3）通过将阿米巴奖金与公司业绩、员工个人能力、职级、工作表现等指标相挂钩的方式进行合理分配，体现公司绩效考核的权威性。从奖金发放的过程中，对员工进行管理制度的在职指导，增强员工对企业绩效考核制度的服从性与认同度，从而以公司战略管理的角度来引导员工积极配合公司未来战略目标的实施。

二、阿米巴奖金分配方案需要考虑的问题

（1）阿米巴奖金应如何合理分配方能体现其内部公平性？

（2）阿米巴奖金发放如何与绩效考核制度充分结合？

（3）阿米巴奖金额度制定过程中，是否给予各管理层级相应授权参与下属员工个人奖金总额评定？

（4）阿米巴奖金是否需要考虑同业奖金分配水平，以使公司薪资待遇具备竞争力？

（5）阿米巴奖金分配制度的制定是否需要考虑延续性与前瞻性？

（6）阿米巴奖金分配金额是否需要考虑员工的接受度与满意度？

三、阿米巴奖金分配原则

1. 内部公平性与外部竞争力相结合的原则

阿米巴奖金的分配，需要考虑本公司的薪酬竞争力。好

的待遇在一定程度上能吸引大量优秀的人才，从而为阿米巴组织建立一支强有力的队伍。用薪酬制度规范指导员工的工作行为，使能者多得，为公司创造更多效益。

2. 因需而变的层级差异性原则

不同层级员工在奖金分配的认知和奖金制定要素偏好方面存在很大差异，所以在具体的奖金分配方案设计中要遵循因需而变的层级差异性原则。

3. 阿米巴利益与个人收益相结合的原则

在阿米巴奖金设计的过程中，应体现阿米巴利益与员工个人利益紧密结合的关系。如果没有阿米巴利益的长远发展，个人利益的实现也无从谈起。

四、阿米巴奖金核定方式

1. 奖金总额确定

年终奖金总额可采用以下方式核算：

（1）把全年营业总额结合公司全年销售目标完成比例，按不同档次计提。

说明：可按公司全年营业总收入确定基数百分比计提奖金总额，然后再按实际营业收入与原定目标的完成比例确定实际奖金总额。

（2）按公司全年实现的利润总额完成比例，按不同档次比例计提。

说明：由财务部核算全年税后净利润，由董事会决定提留股东权益、分红、公司提留资金比例后，按剩余比例乘以目标利润完成比例确定奖金总额。

2. 阿米巴奖金功能结构确定

阿米巴奖金总额确定后，按奖励功能不同来划分比例。

基础奖金：约占60%，按职能部门职责与重要性的不同，分配到各部门。

部门奖金：约占30%，按部门整体考核不同，以优秀、良好、一般为三个档次，划分比例，分配到各部门，由各部门领导酌情分配到个人或作为部门公共基金。

个人优秀表现奖：约占6%，用于奖励全勤员工、优秀员工、有特殊贡献的员工及有家庭困难的员工。

福利奖：约占4%，用于春节福利或公司年会抽选幸运奖。

五、如何按管理层级分配奖金额度

奖金是按收入总额进行阶段核算的，在不同的阶段对高、中、基层员工的主要决定作用按比例进行分配，见表3-8：

表 3－8　阿米巴奖金分配表

阿米巴：　　　　　　　　　　　　　　　　　　　　单位：元

员工级别	工资（元）	人数（人）	工资总额（元）	任务（元）	实际完成任务1（元）	奖金	实际完成任务2（元）	奖金	实际完成任务3（元）	奖金
高层	8000	3	2.4万			0		0.5个月		3个月
中层	6000	6	3.6万	100万	100万	0.5个月	110万	1个月	150万	1.5个月
基层	3000	20	6万			1.5个月		1.8个月		0.5个月

从表 3－8 中可以看出：

第一，在只完成了目标任务的时候，基层员工获得奖金最多。说明企业高层领导的决策对增加收入没起任何作用，此时是基层员工的作用最大，因此这个阶段应该给基层员工分配较多奖金。

第二，当实际完成任务超出目标任务一点点的时候，企业高层领导和中层管理者获得的奖金有所提高。说明在此阶段，企业中高层领导人的决策对增加收入起了一定的作用，但还是基层员工起主导作用。

第三，当实际收入大大超出目标收入的时候，企业高层决策者获得最高的奖金分配。说明在此阶段，起决定作用的是企业高层了，因此企业高层应获得更多的奖金。

操作　设计一个阿米巴奖金方案。

表 3－9　阿米巴团队激励奖金分配测算表

阿米巴 1—12 月目标利润（万元）						总经理	
实际利润 X	提取比例		实际利润 X	提取比例		核心管理人员	
90%＜X≤100%	10%		110%＜X≤120%	30%		普通管理人员	
100%＜X≤110%	20%		120%＜X	40%		工人	

事业部实际利润（万元）	完成率（%）	团队激励奖金（万元）	总经理建议奖金		工人建议奖金		核心管理人员建议奖金		普通管理人员建议奖金	
			奖金占比（%）	奖金额（元）	奖金占比（%）	人均奖金（元）	奖金占比（%）	人均奖金（元）	奖金占比（%）	人均奖金（元）

第八节　阿米巴收益与奖金总额测算

客观规律　阿米巴奖金总额预测，是指阿米巴通过实施多种薪酬激励分配模式，使阿米巴组织可以根据员工的工作特点，利用不同的分配方式调动员工的工作积极性和主动性，有利于稳定阿米巴人才队伍，最大限度地发挥薪酬分配的激励作用。

阿米巴收益预测是根据已知信息来预测能得到的收益。收益预测一般包括目标利润、实际利润、完成率、奖励比例和奖励总额等。

阿米巴奖金总额预测，是指阿米巴通过实施多种薪酬激励分配模式，有利于深化阿米巴奖励与分配制度，使阿米巴组织可以根据员工的工作特点，利用不同的分配方式调动员工的工作积极性和主动性；有利于形成不唯书、只唯实，人尽其才、才尽其用的浓厚氛围；有利于稳定阿米巴人才队伍。预测将收到较好的效果，从而最大限度地发挥薪酬分配的激励作用。

一、阿米巴收益预测

阿米巴收益预测，是对阿米巴组织未来某一时期可实现利润的预计和测算。它是按影响阿米巴利润变动的各种因素，预测阿米巴组织将来所能达到的利润水平；或按实现目标利润的要求，预测需要完成的销售量或销售额。并且，根据奖励比例计算出奖励总额。

目标利润就是指阿米巴计划期内要求达到的利润水平。它既是阿米巴生产经营的一项重要目标，又是确定阿米巴计划期销售收入和目标成本的主要依据。正确的目标利润预测，可促使阿米巴为实现目标利润而有效地进行生产经营活动，并根据目标利润对阿米巴经营效果进行考核。

二、阿米巴奖金总额的测算

阿米巴奖金总额的预测，主要是首先确定阿米巴奖励总额，其次确定各级管理者所获奖励的人数、人均奖励金额、总额以及所占比例等。

阿米巴团队创造盈利以支付成员的报酬，阿米巴奖金分配方案由各阿米巴组织经营者制定，阿米巴经营盈利水平是干部考核、调整最重要的依据。阿米巴领导人必须能够持续稳定完成盈利目标和单位时间核算目标，才可以晋升。

1. 奖金总额的控制趋势

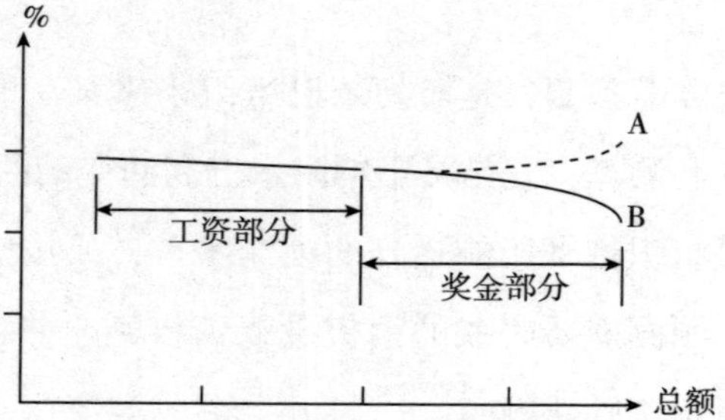

图 3-2 奖金总额的控制趋势

2. 奖金总额的测算——直接比例法

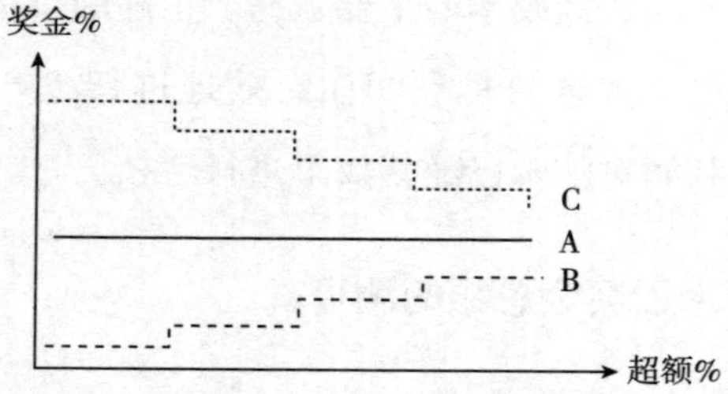

图 3-3 奖金总额的测算——直接比例法

3. 奖金总额的测算——间接比例法

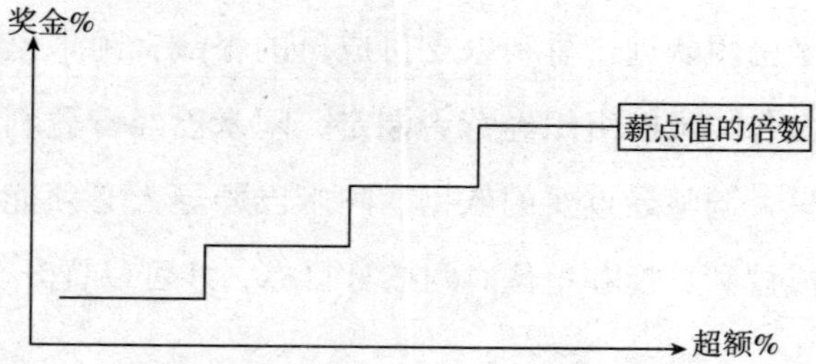

图 3-4 奖金总额的测算——间接比例法

表 3－10　阿米巴收益与奖金预测

<table>
<tr><th colspan="6">一、收益预测</th></tr>
<tr><th>目标利润</th><th>实际利润</th><th>完成率</th><th>奖金比例</th><th>奖金总额</th><th>简要说明</th></tr>
<tr><td></td><td></td><td></td><td></td><td></td><td></td></tr>
<tr><td></td><td></td><td></td><td></td><td></td><td></td></tr>
<tr><td></td><td></td><td></td><td></td><td></td><td></td></tr>
<tr><td></td><td></td><td></td><td></td><td></td><td></td></tr>
<tr><td></td><td></td><td></td><td></td><td></td><td></td></tr>
<tr><td colspan="4">合计奖金总额</td><td></td><td></td></tr>
</table>

<table>
<tr><th colspan="17">二、奖金与分配预测</th></tr>
<tr><th rowspan="2">奖金总额</th><th colspan="4">高管奖金</th><th colspan="4">中层管理者奖金</th><th colspan="4">普通员工奖金</th><th colspan="4">……</th></tr>
<tr><th>人数</th><th>人均</th><th>总额</th><th>占比</th><th>人数</th><th>人均</th><th>总额</th><th>占比</th><th>人数</th><th>人均</th><th>总额</th><th>占比</th><th>人数</th><th>人均</th><th>总额</th><th>占比</th></tr>
<tr><td></td><td></td><td></td><td></td><td></td><td></td><td></td><td></td><td></td><td></td><td></td><td></td><td></td><td></td><td></td><td></td><td></td></tr>
<tr><td></td><td></td><td></td><td></td><td></td><td></td><td></td><td></td><td></td><td></td><td></td><td></td><td></td><td></td><td></td><td></td><td></td></tr>
<tr><td></td><td></td><td></td><td></td><td></td><td></td><td></td><td></td><td></td><td></td><td></td><td></td><td></td><td></td><td></td><td></td><td></td></tr>
<tr><td></td><td></td><td></td><td></td><td></td><td></td><td></td><td></td><td></td><td></td><td></td><td></td><td></td><td></td><td></td><td></td><td></td></tr>
</table>

表 3－11　阿米巴奖金测算方法

方式	确定依据	计算公式	发放周期	适用情况
销售收入法	根据已完成的销售收入，提取一定比例奖金额度	总销售额 × 奖励系数	根据销售回款情况，按季度发放	阿米巴负责全面运作管理
税前利润法	根据阿米巴最终实现的税前利润，提取一定比例奖金额度	阿米巴税前利润 × 奖励系数	项目结算完成后发放	阿米巴独立核算、自主经营
超额利润法	阿米巴最终净利润额，扣除目标净利润额，提取一定比例奖金额度	阿米巴超额利润 × 奖励系数	项目结算完成后发放	阿米巴负责全面运作管理

思考 阿米巴奖金总额测算。

扫码可获得以下内容：

1.阅读本书的电子书。
2.观看企业管理课程视频。
3.获得中国经济出版社定制的精彩书单。

第四章　阿米巴股权激励方案

你想当阿米巴巴长，必须成为股东，这是条件。阿米巴巴长是通过竞聘产生的，薪酬很高。

企业导入阿米巴经营模式之后，随着公司股权的日益分散和管理技术的日益复杂化，企业为了合理激励阿米巴管理人员，创新激励方式，纷纷推行了股权激励机制。股权激励是一种通过阿米巴经营者获得公司股权形式给予阿米巴经营者一定的经济权利，使他们能够以股东的身份参与阿米巴决策、分享利润、承担风险，从而勤勉尽责地为阿米巴长期发展服务的激励方法。

本章目标

1. 理解：阿米巴股权激励方式方法。
2. 操作：股权激励“9D”模式。

形成成果

阿米巴股权激励方案。

第一节 阿米巴股权激励概述

阿米巴股权激励是一种使阿米巴员工能够以股东的身份参与企业决策、分享利润、承担风险，从而勤勉尽责地为公司的长期发展服务的激励方法。

在不同的激励方式中，工资主要根据阿米巴员工的资历条件和公司情况、目标业绩预先确定，在一定时期内相对稳定，与公司目标业绩的关系非常密切。奖金一般以超目标业绩的考核来确定，因此与公司的短期业绩表现关系密切，但与公司的长期价值关系不明显。员工有可能为了短期的财务指标而牺牲阿米巴的长期利益，但是从股东投资角度来说，他更多关心的是公司和阿米巴长期价值的增加。

为了使员工关心公司、关心阿米巴利益，需要使员工和公司或阿米巴的利益追求尽可能趋于一致。对此，股权激励是一个较好的解决方案。通过使员工在一定时期内持有股权，享受股权的增值收益，并在一定程度上以一定方式承担风险，可以使员工在经营过程中更多地关心公司的长期价值。股权激励对防止员工的短期行为，引导其长期行为具有较好的激励和约束作用，如图 4 –1 所示。

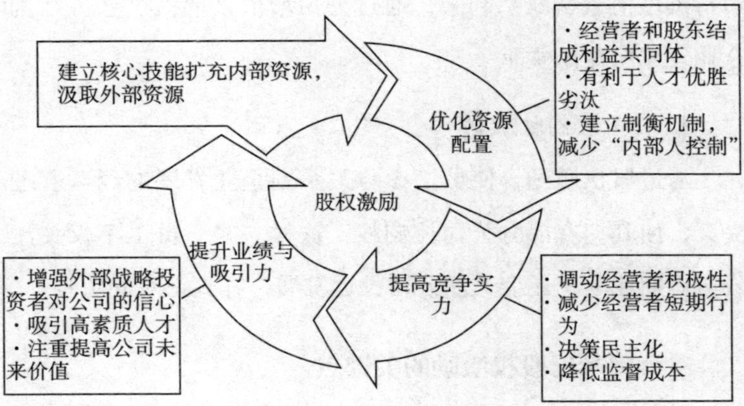

图 4 -1　阿米巴股权激励

一、阿米巴股权激励的特点

1. 长期激励

从员工薪酬结构来看，股权激励是一种长期激励。员工职位越高，其对公司业绩影响就越大。股东为了使公司能持续发展，一般都采用长期激励的形式，将这些员工利益与公司利益紧密地联系在一起，构筑利益共同体，减少代理成本，充分有效发挥这些员工的积极性和创造性，从而实现公司目标。

2. 人才价值的回报机制

人才的价值回报不是工资、奖金就能满足的，有效的办法是直接对这些人才实施股权激励，将他们的价值回报与公司持续增值紧密联系起来，通过公司增值来回报这些人才为企业发展所做的贡献。

3. 公司控制权激励

通过股权激励，使员工参与关系到企业发展的经营管理决策，使其拥有部分公司控制权。这样一来，员工不仅关注公司短期业绩，还会关注公司长远发展，并真正对此负责。

二、阿米巴股权激励的关键点

1. 激励模式的选择

激励模式是股权激励的核心问题，直接决定了激励的效用。

2. 激励对象的确定

股权激励是为了激励员工，平衡企业的长期目标和短期目标，特别是关注企业的长期发展和战略目标的实现。因此，确定激励对象必须以企业战略目标为导向，即选择对企业战略最具有价值的人员。

3. 购股资金的来源

由于鼓励对象是自然人，因而资金的来源成为整个计划过程的一个关键点。

4. 考核指标设计

股权激励的行权一定与业绩挂钩，其中一个是企业的整体业绩条件，另一个是个人业绩考核指标。

思考　阿米巴为什么要进行股权激励？不实施股权激励的后果是什么？

第二节　阿米巴股权激励方式方法

一、阿米巴激励的方式

股权激励的方式有很多种，我们重点介绍如下几种方法：

1. 股份转让

股份转让是通过股票的转让而实现的。股票转让是指股票所有人把自己持有的股票让与他人，从而使他人成为公司股东的行为。

即企业老板将阿米巴的股份以一定的价格转让给阿米巴成员。

2. 资产增值转股

例如，一个阿米巴不可能把当年的利润全部分光，肯定有一部分利润要转到第二年的资产里面去，那么这部分增值的资产也可转换公司股份。

3. 股份期权

期权激励既是对员工进行长期激励的一种方法，也是股权激励的一种典型模式。

通过在公司中进行的有关股票期权计划的尝试，以期能够更好地激励阿米巴经营者、改善治理结构。

期权激励的授予对象主要是阿米巴的高级管理人员。这些员工在公司中的作用是举足轻重的，他们掌握着阿米巴的日常决策和经营，因此是激励的重点；另外，阿米巴的技术骨干也是激励的主要对象。

比如，一个阿米巴今年的利润目标是1000万元，如果阿米巴实现了1000万元以上的利润，而且是三年连续增长，那么公司就给这个阿米巴10%的股份。

4. 增资扩股

增资扩股是指阿米巴向社会募集股份、新股东投资入股或原股东增加投资扩大股权，从而增加阿米巴的资本金。

如果一个阿米巴的资产是1000万元，巴长要跟投，投多少呢？至少10%——100万元。好了，那阿米巴的资产就由以前的1000万元，加上巴长的100万元，变成1100万元了。

思考 你公司进行阿米巴股权激励，主要采用哪些方法？

二、阿米巴股权激励方法

股权激励员工的核心：用明天的财富激励今天的员工；

用社会的财富激励自己的员工。

1. 先持有本巴股份，必要时折算成公司股份

可以让阿米巴的成员先持有本巴的股份，不要一开始就拿公司的股份。

在一家公司里，你是这个塑料车间阿米巴的成员，你就拿塑料车间阿米巴的股份。你是组装阿米巴的人员，你就拿组装巴阿米巴的股份。那么好了，激光电子阿米巴、塑胶阿米巴、组装阿米巴，三个阿米巴形成一个制造车间阿米巴，那么你就拿这个部分的股权就可以了。

如果你是一家公司的广东地区营销负责人，那你就拿广东地区这个区域阿米巴的股权就可以了。

本巴股份在必要时折算成公司股份。股权已经给阿米巴成员了，如果公司准备上市，要么把员工的股权抹掉，要么就把阿米巴的股份转为公司的股份。每个阿米巴的股权通过它的资产折算一下，最后形成公司的股份。也就是说，在以前的阿米巴单元，一个员工占了20%的股份，但折算成公司的股份之后，可能只有0.1%的股份。

思考 在你的公司中，阿米巴股权激励的方式有哪些？

2. 选择最佳方法

诚然，股权激励是非常重要的一种长期激励手段，但是若采取不合适的方法，也会带来无尽的烦恼。阿米巴在实施股权激励时，应该明确实行激励计划的目的，透彻分析阿米巴内外部的情况，从而选择最佳的激励方式。

长期激励是市场经济下，企业为实现其整体利益的现实选择。长期激励机制能够优化资源配置、提高竞争实力，从而提升公司业绩。

在股权激励操作上，主要有现金购买、分红回填、业绩转股等。

思考 你如何理解“用明天的财富激励今天的员工；用社会的财富激励自己的员工”？

第三节　股权激励“9D”模式操作

企业在阿米巴实施股权激励，是否有以下困惑：

1. 出让多少股份？——这次拿出多少股份来激励员工较合适？那下一次呢？

2. 如何分配股权？——分给谁？怎么科学地将这部分股权分给员工而不至于出现好心办坏事的情况？

3. 虚实如何选择？——选择虚股、实股，还是期股、期权？老板和员工的想法几乎完全相反！

4. 什么价格出让？——赠送、1 分钱，还是打折、溢价？钱虽然不是最重要的，但哪种才有激励作用？

5. 要公开报表吗？——对他们公开吧，有潜在危险；不公开吧，那他们不信任怎么办？

6. 员工会中途跑掉吗？——得到股权的员工中途跑掉怎么办？怎么才能让他们丧失股权？

7. 会影响投资吗？——再投资的企业他们也要分红吗？会妨碍我收购、出售、上市吗？

……

股权激励实施的成败关键在于把握以下两点：一是如何设计股权激励方案；二是如何完善和实施既定股权激励方案。

因此，笔者根据丰富的股权激励项目咨询经验，总结出股权激励的“9D”模型，有效落实了“如何设计股权激励方案”和“如何完善和实施既定股权方案”的问题。

何谓股权激励的“9D”模型？即结合不同类型、不同发展阶段的企业特点和需求，独创的股权激励设计和实施控制模型。针对不同企业现状与发展前景，提供“量身定制”的股权激励方案与保证实施效果的应对策略。

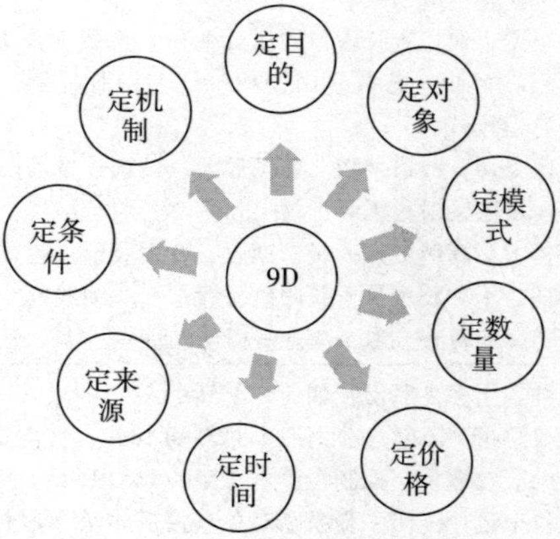

图 4－2　股权激励的“9D”模型

表 4－1　股权激励的“9D”模型

序号	名称	介绍
1	定目的	确定股权激励的目的，如果仅仅是为了留住人才，那太浪费股权了！股权激励可以达到很多目的，但不同的目的需要选择不同的股权激励方式。 主要目的：提高业绩、回报老员工、降低成本压力、吸引并留住人才、股权释“兵权”

续表

序号	名称	介绍
2	定对象	在阿米巴组织中，你要确定激励的对象有哪些？即股权应该给哪些人？给多少人？根据什么条件给？ 确定股权的授予对象，即期权的持有人，通常由董事会决定，侧重于公司的董事、高级管理人员，以及对公司未来发展有直接影响的管理骨干和核心技术人员。除此以外的人员成为激励对象的，公司应在备案材料中论证其作为激励对象的合理性。要综合考虑员工的职务、业绩和能力等因素
3	定模式	确定合适的股权激励模式： ——从企业类型来看 中小型企业：青睐虚拟股票（股份）和账面价值增值权等模式 非上市企业：通常使用期权、员工持股计划、虚拟股票（股份）等模式 上市公司：股票期权、业绩股票、延期支付等模式是首选 ——从激励对象来看 经营者和高级管理人员：期股、业绩股票、股票期权 管理骨干和技术骨干：限制性股票、业绩股票 销售部门负责人或销售业务骨干：业绩股票、延期支付
4	定数量	总共拿出多少股份？如何分配到个人？ 股权总量：不超过公司股本总额的10%，首次实施激励计划授予的股权数量应控制在股本总额的1%以内。 股权个量：任何一名激励对象获授的本公司股权累计不得超过公司股本总额的1%，高级管理人员个人股权激励预期收益水平，应控制在其薪酬总水平的30%以内。 高层: 中层: 一般骨干员工＝4:2:1
5	定价格	如何计算公司现在的股价？以什么价格给到员工？以什么价格回收员工的股份？ 行权价格：公司向激励对象授予期权时所确定的、激励对象购买公司股票（股份）的价格，根据当天的股票市价确定，高低控制在10%以内。 回购价格：公司股东购买激励对象转让的股票（股份）的价格。①转让日公司每股内在价值（每股净资产）为定价基础；②转让双方谈判的结果

续表

序号	名称	介绍
6	定时间	包括股权授予日、有效期、等待期、可行权日及禁售期。 股票授予日与获授股权首次可以行权日之间的间隔不得少于1年，并且需要分期行权。 股份期权：行权期不得少于2年，行权有效期不得低于3年，有效期内匀速行权。 限制性股份：持股人员必须在公司服务满一定年限，满足条件后才可以以一定价格转让所持股份，退出持股计划；该期限可以根据持股人员岗位的重要性以及与公司发展的密切程度区别规定，短期可为3年、5年，长期可为10年或以上
7	定来源	难道只有减少原有股东的股份吗？ 如何确保原股东让出股份后收益不减？ 股票（股份）来源：发行股票（股份）、回购本公司股票（股份）以及采取法律、行政法规允许的其他方式。 资金来源：激励对象直接出资、激励对象工资、奖金、分红抵扣、企业资助。 要综合评估公司现金流、激励对象收入状况等因素
8	定条件	股权激励并非无条件给予，而是双方共同协定的激励与约束并存。 员工要想获得股权的条件又是什么？ 什么条件下应该变更员工的股份？ 员工出现哪些条件会丧失股权？ 员工成股东后工作不努力或业绩不好怎么办？ 股权的授予条件：业绩。 行权条件：激励对象的资格符合要求，公司的主体资格符合要求。两者具备，激励对象才可以行权、获赠或购买公司股票，否则行权终止
9	定机制	如何预防股权激励后决策无法集中？ 财务报表到底该不该如实给新股东看？ 股权激励会不会妨碍引进战略投资者？ 激励计划的管理机制、计划的调整机制、计划的修改与终止机制

操作 设计一套阿米巴股权激励方案。

扫码可获得以下内容：

1.阅读本书的电子书。
2.观看企业管理课程视频。
3.获得中国经济出版社定制的精彩书单。

第五章　阿米巴人才梯队建设

阿米巴人才开发模式的关键，在于提升人才开发能力，培养造就高层次创新型人才，着力创新人才培养体制和模式，努力建设有利于创新型人才发展的人才考评体系，建设人才激励保障机制等。

阿米巴人才开发模式最大的利益点，就是帮助企业培养更多具有经营意识的人才。本章就阿米巴的经营思路和人才培养理念，人力资源在阿米巴管理模式中的定位，以及如何进行阿米巴领导人的培养方面进行重点讲解。

我们通过阿米巴人才开发模式，使全体员工都能从经营者的角度去思考，帮助企业培养更多具有经营意识的人才。

了解阿米巴人才开发的条件，掌握阿米巴人才梯队建设6M 模型。

本章目标

1. 理解：巴长的产生。

2. 理解：阿米巴人才开发模式。

3. 理解：阿米巴人才开发的四大条件。

4. 理解6M实效模型。

形成成果

阿米巴人才开发模式。

第一节　巴长的产生

“治国之道，唯在用人”。阿米巴经营也是如此。再优秀的战略规划，如无一批德才兼备、精明强干的巴长去执行和实施，企业也难以实现收益最大化。企业导入阿米巴经营模式，带来的核心利益点就是培养内部经营人才，即企业内部各个阿米巴组织的巴长。企业首先要考虑的是阿米巴巴长的人选。巴长产生的方法有三种：按部就班法、上级指定法和竞聘法。

一、按部就班法

公司如果规模不大，人才储备不多，没有进行组织架构调整，就以现任各级主管为巴长。

【优点】

（1）巴长从内部选出，对内部环境熟悉，易于上手，且对岗位的理解优于“空降兵”。

（2）巴长与内部人员熟悉，其价值观、习惯通常与团队一致，有利于巩固团队关系。

（3）员工激励。内部选拔能够给员工提供更多的成长空间，使员工的成长与组织的成长同步，容易激励和鼓舞员工士气，形成积极进取、追求成功的氛围，达成美好的远景。

（4）学习成本低。内部员工对企业的现有人员、业务模式和管理方式非常熟悉，易于沟通和协调，因而可以更快地进入角色，学习成本更低，有利于发挥组织效能。

【弊端】

由于巴长岗位总是有限的，内部员工竞争的结果必然是有人欢喜有人忧，有可能影响到员工之间的关系，甚至导致人才的流失，这是企业很不愿意看到的；企业内部长期的“近亲繁殖”“团体思维”“长官意志”等现象，不利于个体创新和企业的成长。

二、上级领导指定法

公司导入阿米巴模式时，对现有组织架构进行了微调，产生了新的主管岗位，但数量不多，因此就由公司相关领导指定某人当巴长即可。

【优点】

在各种具体制度健全的条件下，它能够有效发挥企业领导和巴长两方面的积极性。

【弊端】

人才选拔的范围容易受到限制；选拔缺乏客观标准时，有可能导致不公平现象。

三、竞聘法

竞聘法主要有局部竞聘法和全面竞聘法。局部竞聘法：拿出一部分巴长岗位进行竞聘。全面竞聘法：所有巴长的岗位都需要竞聘上岗。

竞聘法的好处是建立领导与管理岗位能上能下、员工能进能出的岗位竞争机制，健全科学的人才选聘机制，充分挖掘人才、合理使用人才，实现公司人力资源的优化配置。

（一）竞聘上岗的范围

（1）竞聘岗位：公司所辖部分巴长岗位。

（2）竞聘参与对象：公司体系内外销公司及内销公司、外地分公司符合相关竞聘条件的内部员工。

（二）竞聘上岗的原则

（1）公平、公正、公开的原则；

（2）岗位、责任、能力相匹配的原则；

（3）严格执行定岗定编的原则；

（4）双向选择、择优录取的原则；

（5）德才兼备、量才录用的原则；

（6）岗位交流原则，特别是对各制造部门、销售等相关负责人岗位，原则上定期与不定期进行交流与轮换。

（三）竞聘上岗的组织、职责与权限

为有效实施公司巴长竞聘上岗工作，将成立公司竞聘上

岗领导小组，下设竞聘上岗办公室。

（1）竞聘上岗领导小组：竞聘上岗领导小组由公司领导组成。

（2）竞聘上岗领导小组是竞聘上岗的领导与决策机构。

职责：

①组织制定竞聘上岗的政策；

②指导制定竞聘上岗的实施方案；

③监控竞聘上岗的实施过程；

④解决在竞聘上岗过程当中出现的重大问题；

⑤竞聘上岗政策的解释工作。

权限：

①对发布的竞聘上岗政策、实施方案等相关文件的审批权；

②竞聘人员的资格审批权；

③人员聘用的审批权；

④重大政策问题的解释权。

（3）公司竞聘上岗办公室

领导小组下设竞聘上岗办公室，作为竞聘上岗的执行和日常工作处理机构，由咨询顾问和相关人员组成。

职责：

①拟订竞聘上岗的实施方案及相关文件；

②负责竞聘上岗的日常组织工作；

③执行竞聘领导小组的各项决定；

④收集竞聘过程中的各种信息并进行处理；

⑤与咨询顾问小组进行沟通和配合；

⑥根据竞聘领导小组的要求解决竞聘上岗过程中出现的问题；

⑦竞聘者资格审查。

权限：

①文件的拟订权；

②日常工作的组织权；

③领导小组各项决定的执行权；

④资格审查权；

⑤信息的收集和处理权。

（四）中高层管理人员竞聘条件

1. 基本任职资格

（1）竞聘高层管理职位（集团部门总经理、总监，各下属公司总经理、总监）的人员，需满足以下基本条件之一：

①大专学历：在公司内部拥有不少于1年的部级（含副部级）以上岗位工作经历，服务公司2年以上，并在拟竞聘岗位的工作领域有8年以上工作经验。

②本科或以上学历：在公司内部担任过部级（含副部级）以上管理岗位，服务公司1年以上，并在拟竞聘岗位的工作领域有5年以上工作经验。

（2）竞聘中层管理职位（部长级）的人员，需满足以下基本条件之一：

①大专学历：在公司内部拥有不少于1年的科级（含高级工程师）以上岗位工作经历，服务公司2年以上，并在拟竞聘岗位的工作领域有5年以上工作经验。

②本科或以上学历：在公司内部担任过科级（含高级工程师）以上岗位工作，服务公司1年以上，并在拟竞聘岗位的工作领域有3年以上工作经验。

（3）竞聘中层管理职位（科长级）的人员，需满足以下基本条件之一：

①大专学历：在公司内部拥有不少于1年的组长级（含工程师）以上岗位工作经历，服务公司2年以上，并在拟竞聘岗位的工作领域有4年以上工作经验。

②本科或以上学历：服务公司1年以上，并在拟竞聘岗位的工作领域有3年以上工作经验。

（4）年龄：根据巴长选拔任用的原则，所有参与竞聘巴长的人员，男性竞聘者年龄不超过50周岁，女性竞聘者年龄不超过45周岁；具有相关职位任职经历的男性可放宽到55周岁，女性可放宽到50周岁。

（5）如果竞聘者不满足“基本任职资格”，但本人竞聘意向强烈，可以向竞聘上岗领导小组提出申请，经领导小组合议后，做出是否允许竞聘的决议。

2. 知识、业务技能与竞聘要求

设计竞聘岗位的“职位说明书”和“竞聘要求”，了解

各岗位的业务技能要求。

3. 品德修养

（1）具备遵纪守法、诚信待人、廉洁自律的品德；

（2）要有良好的责任意识和忘我的工作热情；

（3）员工的认可度较高，与各级员工关系良好；

（4）前述3条以公示结果为审核方式。

4. 素质能力

（1）具备良好的个人素质，包括影响力、责任心、成就导向、学习能力等。

（2）具备良好的管理能力，包括组织能力、执行能力、监控能力等。

（五）竞聘上岗实施步骤

（1）竞聘上岗动员，公布竞聘上岗实施办法；

（2）在公司内部发布竞聘岗位信息；

（3）符合条件的竞聘者，提出竞聘申请并填写提交竞聘上岗申请书；

（4）竞聘上岗资格审核并公布竞聘时间；

（5）组织内部竞聘；

（6）对获聘人员办理聘任手续；

（7）对落聘人员办理后续手续。

（六）发布竞聘岗位信息

竞聘上岗办公室负责拟订并通过文件发布竞聘通知，竞聘通知的内容包括：

（1）拟竞聘岗位的名称和基本条件；

（2）拟竞聘岗位的具体任职资格、职务/薪酬范围、竞聘要求；

（3）竞聘的时间进度安排；

（4）竞聘报名程序和有关要求；

（5）竞聘的方法、程序、地点等；

（6）其他需做出相关说明的内容。

（七）竞聘申请

（1）所有参与竞聘上岗的员工，需填报竞聘上岗申请书；

（2）每人每次最多允许申请竞聘二个岗位，但必须明确首选岗位；

（3）对符合竞聘条件而不申请竞聘或申请之后自动放弃的现任中高层管理者，按落聘处理。

（八）竞聘上岗资格审核并公布

竞聘上岗办公室对竞聘申请人进行资格审查，资格审查主要内容如下：

（1）竞聘申请人所提供的资料和资历证明是否真实；

（2）审查其基本条件是否符合竞聘岗位的任职要求；

（3）每个岗位进行资格审查，对超额报名情况进行筛选，最终明确三个候选人（高层岗位可少于三人）；

（4）由竞聘上岗办公室审核申请人资格，经竞聘上岗领导小组审定后公布具有竞聘资格的申请人名单。

（九）提交竞聘报告及组织竞聘

1. 经审定符合竞聘条件者，在规定期限内需向竞聘办公室提交竞聘报告。

2. 组织竞聘：

（1）竞聘方式：组织考察与竞聘答辩相结合。

（2）竞聘答辩：按照竞聘上岗办公室通知的时间和地点参加竞聘答辩。竞聘演说时间为每人10分钟，评委提问和答辩时间为5～10分钟。

竞聘报告和演说的具体内容：

①对申请竞聘岗位价值的认识；

②对申请竞聘岗位工作现状和存在问题的剖析；

③针对现状和存在问题提出解决思路；

④未来的工作目标和计划。

演说与答辩流程：

①主持人讲解对竞聘演说和答辩的要求；

②申请人发表竞聘演说；

③竞聘小组针对申请人的竞聘演说提问，申请人进行答辩。

（十）竞聘上岗的后续工作

（1）对落聘人员或放弃竞聘人员按以下方式办理后续

手续：

①由于年龄原因不能参加本次竞聘的现任中高层管理者，公司另行安排工作，并享受中层待遇；

②对竞聘巴长岗位未能入选的人员，可报名参加中层岗位的竞聘；

③对符合竞聘条件而不申请竞聘或申请之后自动放弃，以及落聘的现任中高层管理者，公司另行安排培训和工作，执行新岗位的待遇；

④对竞聘结果不认可或存在较大异议的人员，可向竞聘领导小组提交申诉报告，由竞聘领导小组进行回复；

⑤未能获得聘用的基层员工将组织统一培训，安排到新的岗位；

⑥对不服从公司新工作安排者，按待岗处理。

（2）工作交接：新老人员要快速进行工作交接，交接时要有详细的工作交接清单，并且双方签字后方视为交接完毕。

①在交接工作过程当中，不可影响企业正常的运作。如果不能进行正常的工作交接，当事人要承担相应责任。

②对新上岗的管理人员或原在其他岗位的人员，要求快速到位，迅速熟悉新的工作岗位；对新的领导班子，要立即着手内部管理的改进，配合公司完成管理变革等工作。

（3）无人获聘的处理：对于现候选人无法获得认可而出现空缺的岗位，公司将从公司内部和外部更大范围内接受竞聘申请，另行安排时间再次竞聘。

（十一）聘任

公司与获聘人员签订一年聘任合同，其中有三个月试用期，试用期间由公司领导班子组织对巴长进行考察考核。经考察考核不合格者将终止聘任。

附件:

表5－1　竞聘上岗申请书

姓　名		性别		出生年月	
入职时间		学历		专业技术职称	
原工作部门、岗位					
申请竞聘首选部门、岗位					
申请竞聘第二部门、岗位					

任职经历:

培训经历:

工作业绩:

奖惩情况:

本人承诺，严格遵守公司此次竞聘的相关规定与作业流程要求，积极对待；竞聘同时，依然保证现任职位的各项职责得到认真有效的履行；坚决不做对参与共同竞聘和竞聘管理的同事任何不利之行为。

本人承诺，若竞聘成功，本人视该竞聘结果为劳动合同内容合法变更；绝对忠诚于所竞聘职位，按职位要求完全履行本职工作，并交接好现任职责及培养合格的继任者。

本人承诺，若竞聘失败，绝不气馁，将认真反省自己的差距，以积极心态参加其他职位竞聘，接受公司培训或调配上岗的安排结果，履行并交接好现任职责。

承诺人/申请人签名:　　　　　　　　　　　时间:

资格审查意见:　　申请竞聘首选部门、岗位　　同意□　　不同意□

　　　　　　　　　申请竞聘第二部门、岗位　　同意□　　不同意□

授权人签名:　　　　　　　　　　　时间:

表5－2　巴长竞聘评分参考表

评分项目		评分标准	权重分数
演讲表现（20分）	材料演讲	材料演讲成功，重点突出，讲述清晰，内容得到了很好表达（得8～10分）。 材料演讲一般，完成了对材料内容的简单陈述（得5～7分）。 材料演讲差，缺乏重点，语言平淡，难以留下印象（得0～4分）	10
	自信心	心理自信、积极和阳光，目光坚定，声音洪亮，举止自若，谈吐自如（得4～5分）。 心理有一定的自信，举止基本不紧张，言辞达意（得3分）。 非常紧张，表达不通顺，无法对待压力（得0～2分）	5
	时间控制	时间控制准确，在规定时间内完成演讲（得4～5分）。 时间控制较好，完成大部分内容的称述（得3分）。 时间控制差，不能实现完整演讲（得0～2分）	5
问题回答（15分）	理解问题	完全理解评委问题和背后的深度用意（得4～5分）。 基本理解评委所提问题的字面含义（得3分）。 严重误解评委问题（得0～2分）	5
	观点陈述	观点准确，可行性强（得4～5分）。 观点明确，有一定可行性（得3分）。 观点模糊反复，逻辑性差，不具可行性（得0～2分）	5
	回答控制	语言精练，每个回答时间不超过30秒（得4～5分）。 语言简短，回答直接，每个回答时间不超过1分钟（得3分）。 语言啰嗦冗长，浪费时间严重（得0～2分）	5

续表

评分项目		评分标准	权重分数
竞聘方案（50分）	现状分析	现状分析准确、到位，抓住了该部门的主要问题，有很强针对性，能发现深层次原因（得8~10分）。 现状分析较好，抓住了该部门的核心问题，具有一定针对性，但未能发现深层原因（得5~7分）。 现状分析较差，没有抓住重点，问题分析流于表面，原因诊断出现明显偏差（得0~4分）	10
	方案完整性	方案非常完整，综合考虑了多方因素，对涉及的全部问题都提出了解决方案（得8~10分）。 方案比较完整，考虑大部分因素，对涉及的大部分问题提出了解决方案（得5~7分）。 方案不完整，只对涉及的少数问题提出了解决方案（得0~4分）	10
	方案准确性	方案非常准确，逻辑性强，主次分明，工作思路得当，能够很好解决现状问题（得8~10分）。 方案比较准确，逻辑性较强，主次比较分明，工作思路比较合适，能够初步解决现状问题（得5~7分）。 方案不准确，逻辑性差，主次颠倒，该工作思路不能解决现状问题（得0~4分）	10
	业绩目标	业绩目标具体，KPI指标明确，每个目标都具有很强挑战性并能够实现（得8~10分）。 业绩目标比较简单，KPI不具有挑战性，或业绩目标太高而不可能实现（得5~7分）。 没有提出业绩目标，或该目标过于简单，没有量化的具体指标，或该指标毫无挑战性（得0~4分）	10
	方案可行性	拟订了翔实、具体的可操作性步骤和确保实施的各项措施，对可预见的问题提出了具体解决方案（得8~10分）。 拟订了较为可行但略显粗糙的操作步骤和确保实施的各项措施（得5~7分）。 没有拟定具体的可操作性步骤、各项措施，或所拟定的操作步骤不具有可操作性（得0~4分）	10

续表

评分项目		评分标准	权重分数
综合素质及其他（15分）	领域经验	具有8年以上该领域工作经验，并独自承担过领域相关的重大项目，精通岗位相关工作技能（得4~5分）。 具有3~7年该领域工作经验，并主导承担过领域相关的项目工作，完全掌握岗位相关工作技能（得3分）。 具有3年以下该领域工作经验，并参与过领域相关的项目工作，部分掌握岗位相关工作技能（得0~2分）	5
综合素质及其他（15分）	过往业绩	业绩显著超过预期计划/目标的要求，在该岗位所涉及的各个方面都取得非常突出的成绩（得4~5分）。 业绩达到或略微超过预期计划/目标的要求，在该岗位所涉及的各个方面都取得一定的成绩（得3分）。 业绩未达到预期计划/目标的要求，在很多方面或主要方面存在明显或重大的不足或失误（得0~2分）	5
综合素质及其他（15分）	管理能力	积极营造团结、协作的团队工作氛围，组织协调能力突出，注重员工的思想引导及工作技能的提升（得4~5分）。 有意识的营造团结协作工作氛围，组织协调能力较强，基本能够解决员工所遇的各类问题（得3分）。 难以维护团队氛围，缺乏管理能力，无法对员工遇到的问题和困难进行解决（得0~2分）	5

第二节　阿米巴人才开发模式

一、打造阿米巴人才共同体

阿米巴经营模式的最大利益点：培养具有经营意识的人才，最终实现人才共有。企业组织通过有效授权，让全员参与经营，培养年轻人才担任领导。在企业内部设立了许多个阿米巴小组织，每个阿米巴组织都有一个巴长。这样一方面细化了企业的管理；另一方面，以各个阿米巴的领导为核心，让其自行制订各自的计划，并依靠全体成员的智慧和努力来完成目标。通过这样一种做法，让一线的每一位员工都能成为主角，主动参与经营，进而实现“人人成为经营者”。

由于企业任命阿米巴领导人的形式相当灵活，当阿米巴领导人才严重紧缺时，可以在现有人才范围内划分组织，把组织划分完毕后，让其上级部门领导或其他阿米巴领导来兼任。阿米巴经营的目的之一，就是培养具备经营者意识的人才，并且挖掘那些虽然在现阶段还不具备足够的经验和能力，但是可能胜任领导职务的人才。

企业要构建高效而卓越的阿米巴组织，就需要具有高度的一致性，要将员工团队培养成四个层次的共同体，实现员工物质和精神的双丰收。这四个层次的共同体是：利益共同体、目标共同体、命运共同体和使命共同体。

利益共同体，即把阿米巴组织当大家庭一样，把公司利益与自身利益看作同等重要，不能只顾个人利益不顾公司利益；目标共同体，即目标一致的利益共同体，个人与阿米巴经营目标是一致的，不仅仅是利益一致；命运共同体，即阿米巴组织的发展与个人的发展是息息相关的；使命共同体，即个人认同阿米巴的经营理念。如果说，命运共同体靠共同“理念”维持的话，使命共同体则靠共同“理想”来维持。

思考　阿米巴为什么要构建四个层次的共同体？

二、阿米巴需要进行系统管理

阿米巴人才开发模式最大的利益点，就是帮助企业培养更多具有经营意识的人才。一个企业的成长难免会遇到资金不足、开发客户难、人手不足等各种问题。如果企业的经营理念能够得到员工的认同，那么如何增强企业凝聚力，如何让全体员工都能从经营者的角度去思考，在做好自己工作的同时，还能更多地去想如何做好企业，这些问题便可迎刃而解。

人才开发是阿米巴组织发展的动力源泉，是提高企业素质的根本保证。根据现代企业的战略人力资源的思想，阿米巴组织进行人才开发的主体思路是必须围绕战略分解目标、设置岗位、配置人员，事人相宜。

阿米巴组织用人的首要出发点是战略性的眼光，根据战略来调配阿米巴组织的人力资源。每个员工的长处和才干都可以分为若干类型，有的擅长组织协调，有的适合技术分析，有的喜欢冲锋陷阵，有的足智多谋。阿米巴组织调配人力资源的出发点，就是使其个人特点与工作岗位相适应。假如不能把个人的才能用到最能发挥其作用的地方去，那对人才来说是一种压制，对阿米巴组织来说是一种极大的浪费。

三、阿米巴的人才开发模式

阿米巴的人才开发模式，主要包括如下几点：

1. 阿米巴的人才选拔，即识别、发现和挑选人才

“治国之道，唯在用人。”阿米巴经营组织也是如此，用人是阿米巴组织领导者的基本职责。再好的决策和计划，如无一批德才兼备、精明强干的人去执行和实施，也是无法实现的。所以，能否最大限度地挖掘和利用人才，是衡量阿米巴组织领导水平高低的一个重要标志。

2. 阿米巴的人才培养

对潜在人才和现有人才进行教育和培训，提高他们的水平。被选拔的人才一般都需经过培训，才能成为各种职业和

岗位要求的专门人才。对于阿米巴组织来说，人才培养是多层次的，包括高级经营人才的培养、职能管理人才的培养和基层管理人才的培养等。

3. 阿米巴的人才使用

把发现和培育的人才安排到适当的工作岗位上，让他们充分发挥作用。

4. 阿米巴的人才调剂

即把各种人才从不适合的工作岗位调动到更加适合的工作岗位，使人尽其才。

5. 阿米巴的人才管理

这是人才开发的必要条件，要建立健全各种规章制度、管理档案等，保证人才开发的需要。

6. 阿米巴的人才测评

通过一系列科学的手段和方法，对被试者的基本素质及其绩效进行测量和评定。人才测评的主要工作是通过各种方法对被试者加以了解，从而为阿米巴组织的人力资源管理决策提供参考和依据。

思考 阿米巴的人才开发模式有哪些特点？

第三节　金牌巴长是如何炼成的

阿米巴经营模式要求每个阿米巴组织必须要有一个领导人，即阿米巴巴长，并且要求每位阿米巴领导人只能担任一个阿米巴的领导人。在阿米巴组织中，以各个阿米巴领导人为核心，让其自行制订各自的计划，并依靠全体成员的智慧和努力来完成经营目标。

阿米巴领导人是实施阿米巴经营的基层主体，比普通管理者的要求更高。阿米巴领导人必须掌握阿米巴经营原理、熟悉经营管理；了解阿米巴内部结算，能够运用“阿米巴经营会计报表”进行经营分析；擅长阿米巴经营管理，不断改善阿米巴经营状况。

一、掌握阿米巴经营原理、熟悉企业经营

1. 掌握阿米巴经营原理，善于激发员工的积极性

阿米巴领导人要掌握阿米巴经营的基本原理，善于运用经营激发员工的积极性和工作热情，不断提升业绩，实现阿米巴的经营目标。

2. 善于操作管理系统软件，能够很好地自我管理

阿米巴领导人要能够掌握计算机管理系统的基本原理，

掌握阿米巴内部定价的原理，能够熟练操作阿米巴经营计算机管理软件，进行很好的自我管理。

二、善于运用“阿米巴经营会计报表”进行分析

1. 阿米巴领导人应了解阿米巴内部结算

阿米巴领导人要了解阿米巴经营结算的方法和要求，了解阿米巴经营结算的经营成果内容，而且要了解阿米巴经营考核过程。

2. 阿米巴领导人要能够运用阿米巴经营会计报表进行分析

阿米巴领导人要能够看懂和分析阿米巴经营会计报表，学会分析阿米巴的经营成果，学会分析阿米巴的效益点、止损点等，并带领阿米巴员工不断开源节流，创造高收益。

三、阿米巴领导人擅长经营管理，不断改善经营收益

阿米巴领导人要能够了解阿米巴经营管理的基本要求，分析改善阿米巴的经营方法，要不断提高分析问题和解决问题的能力，不断改善阿米巴的经营收益，努力实现阿米巴的经营目标，并且能够给下属员工进行必要的工作指导。

案例

山东某公司化工用品制造企业是柏明顿的客户。该公司导入阿米巴经营模式已经有两年。在阿米巴领导人的竞聘过

程中，先确定阿米巴领导人，由业务部门的上一级和人力资源部门根据参加竞聘的阿米巴领导人的预算、预案、预酬方案可行性来确定最终结果。

阿米巴组织的数量根据市场不断进行调整，包括业务关联性强的阿米巴之间可以相互“兼并”，兼并的必要条件也是通过预算、预案、预酬方案来确定。

在S公司，阿米巴领导人可以选成员，成员也可以选阿米巴领导人。同时，阿米巴成员是动态的，形成“进入、提升、退出”的竞争机制。“进入”就是建立开放平台，能够吸引外部有能力的人才进入阿米巴，从内部来说能够让员工主动抢入阿米巴。“提升”就是让阿米巴能够自觉地挑战有竞争力的市场目标，目标动态优化，完成目标后有相应的升迁和发展平台，作为该阿米巴领导人的后备人才进行培养。“退出”就是退出机制，达不到既定目标，后十位淘汰，在关键岗位设置“鲶鱼”岗。

思考 在你公司中，培养阿米巴巴长的方式有哪些？

第四节　阿米巴人才开发的四大条件

> **主要方法**
>
> 阿米巴人才开发也需要有前提条件，可归纳为如下四点。
>
> 首先，明确“我想要的人才”；
>
> 其次，甄选“有潜质的人才”；
>
> 再次，营造“人才复制环境”；
>
> 最后，应用“人才复制方法”。

任何事物的建设都是有条件的，阿米巴的人才开发模式中，优秀核心人才的建设需要哪些必备的条件？正如图书成批发行、家具批量生产、店铺重复出现一样，阿米巴人才开发也需要有前提条件，可归纳为如下四点。

首先，明确“我想要的人才”；

其次，甄选“有潜质的人才”；

再次，营造“人才复制环境”；

最后，应用“人才复制方法”。

这是个条件之间联系的示意图，如图 5－1 所示。

图 5－1　阿米巴人才开发四个条件的关系图

1. 如何明确“我想要的人才”

明确“我想要的人才”，即明确阿米巴组织需要拥有何种素质、何种能力的人才。

首先，我们要考虑企业战略对人才的要求，进行战略规划，明确阿米巴组织需要哪几方面的人才，需要什么层次的人才；其次，结合企业战略与文化要求，对职位进行分析，按照一定的原则进行职位归类和分层分级；最后，为每个职位建立自己的任职资格标准，即明确在不同的业务领域中，阿米巴组织需要具备什么能力（能力标准）、有哪些行为特征（行为标准）的人才。

当然，阿米巴组织弄清楚“我想要的人才”并非轻而易举，因为任职资格体系的建立是一份复杂的工作。任职资格体系的建立是公司层面的工作，要统一规划，否则，就会造成思想的差异、方法的不同、力量的分散，导致最终的结果是事倍功半。在这里，我们有一个高效落地的方法，即把你的岗位人才需求认真填入以下三个坐标系中，或许就能帮你落地（如图 5－2 所示）。

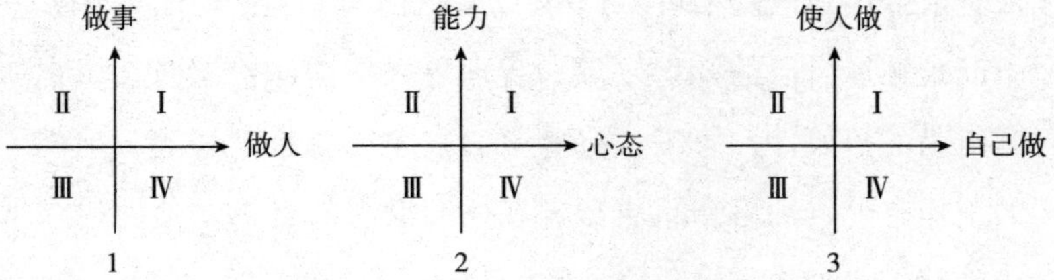

图 5－2　岗位人才需求坐标

2. 如何甄选“有潜质的人才”

“有潜质的人才”，即经过培训之后能够胜任的人才。

员工是阿米巴组织最重要的资产，而“有潜质的人才”更是阿米巴组织未来发展的关键所在。然而，许多阿米巴组织在甄选、培养“高潜质人才”方面往往毫无章法。他们要么是对“有潜质人才”的衡量标准的认识模糊不清，要么盲目地招聘博士或硕士生来“装点门面”，要么是让那些踏实可靠的员工因落选而士气低落，要么制订的培养计划让有发展潜质的管理者脱离了日常经营。结果是使那些“有潜质人才”要么离开，要么被废掉。

阿米巴组织往往是结果导向的，阿米巴组织需要人才的直接目的就是创造绩效！什么样的人才能够创造更好的绩效？有没有一些通行的办法，可以来衡量一个人的领导力潜质，从而判别他是否属于“有潜质人才”呢？

从结果上来看，“有潜质人才”往往需要具备三大要素：第一，绩效表现优异且踏实可靠，能证明自己胜任某个职位，而且能证明自己踏实可靠；第二，掌握新型专业知识、技能，不断地拓展自己的知识领域，管理更大的团队，同时，认识到行为的重要性；第三，有潜质的人才往往有高情商，他们的工作态度、性格和品质影响着他们潜力的发挥，他们追求成就感，对工作充满激情，乐于学习并富有上进心。

所以，对于如何甄选“有潜质的人才”这个问题，我们根据如上三大要素，设计一些甄选方法，或许就能落地（见图5－3）。

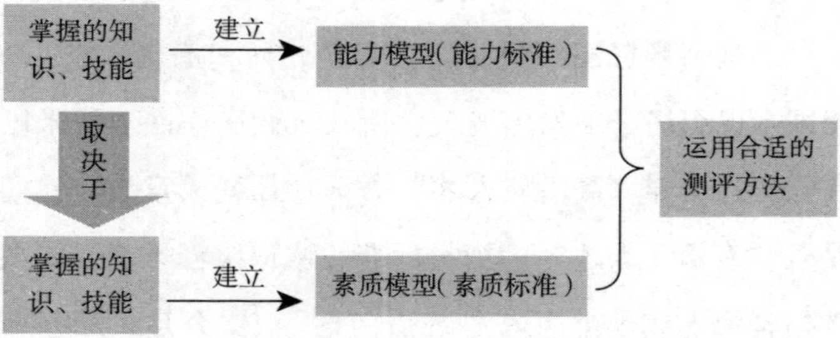

图5－3　甄选有潜质人才的方法

3. 如何在阿米巴组织营造“人才复制环境”

“人才复制环境”，即培养人才所必需的外在条件。

很少有人会在肃穆的寺庙里吵吵闹闹，很少有人会在五星酒店里邋邋遢遢，这并非天性如此，而是环境使然！所谓“近朱者赤，近墨者黑”是也。

阿米巴组织能不能招聘人才、培养人才、留住人才，关键在于这个阿米巴组织是否注重打造良好的工作条件和人文环境。如果人才复制的环境好，那么阿米巴组织就不愁没有人才；如果人才复制的环境很糟糕，那么即使高薪挖来的人才，阿米巴也留不住。

真正的好人才，不仅关注薪酬待遇，更关注自身的价值能否实现。多数人才的离去，不是因为老板给他的薪水不够高、待遇不够好，而是因为他的能力得不到老板的认可，他的成绩得不到老板的肯定，他的人格得不到老板的尊重，他的心灵得不到老板的安慰，他的前程得不到老板的关注，所以人才选择了离开老板。其实，只要是人，都有梦想。跟对老板成就一生，跟错老板浪费一生。老板有梦想，员工也有梦想。关键是老板错误的做法，让员工看不到企业的希望，他们就不得不离你而去。

再者，如果阿米巴组织中职责不明、流程不清、权限不晰，企业文化缺失，那么在如此的“复制环境”中，又怎么能够使人才“倍”出呢？

所以，在阿米巴组织营造“人才复制环境”，完善如图5－4、图5－5所示的管理基础，或许就能落地了。

4. 在阿米巴组织应用“人才复制方法”

我在和企业高层领导进行沟通的时候，发现他们有一个共同的苦恼——缺乏优秀的中高级人才。外面招不来，企业自己又培养不出来，或者培养速度太慢。

出现这个问题是很正常的，因为绝大多数阿米巴组织管

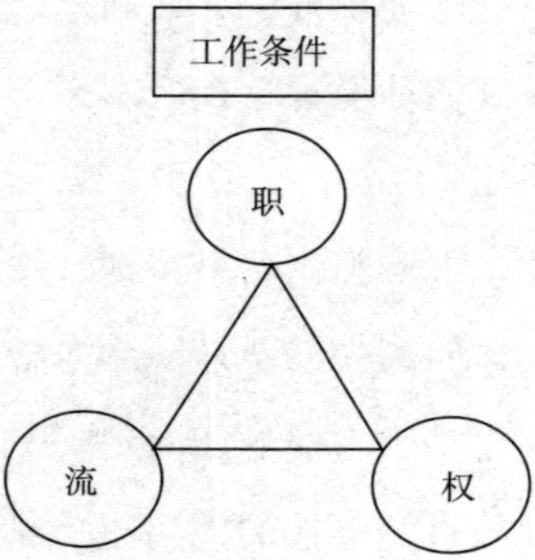

图 5－4　工作条件

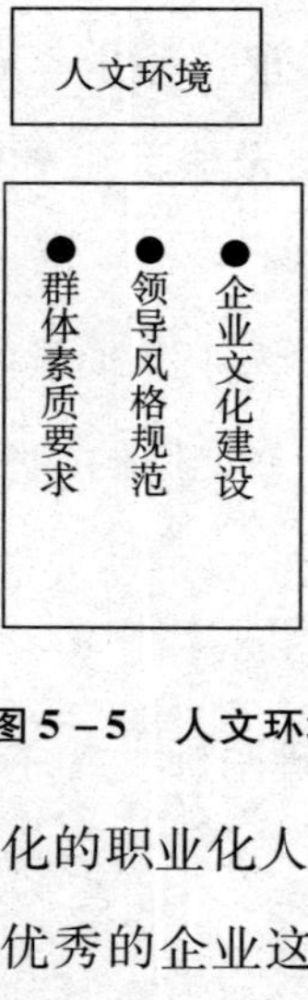

图 5－5　人文环境

理者，对如何培养现代化的职业化人才毫无经验。

相反，国内外管理优秀的企业这方面的问题解决得比较好，他们在人才培养方面做得非常杰出。通过特定的策略和方法，每年都能培养出大批人才。在全面考察宝洁、百事、西门子、IBM、华为等国内外优秀企业人才培养经验的基础上，我们总结出了一些人才培养的具体做法。

（1）树立正确的人才理念和培养理念

管理讲究“明道、优术”，道不明，则术不优。人才培养工作要做好，首先要有正确的人才理念和策略。

百事的人才培养工作做得非常优秀，被《财富》杂志评为美国两家最优秀的公司学院之一。它的人才理念很先进：“员工是人力资本，是公司成功所必备资源的第一资源。”“有所成就也就意味着我们要拥有卓越的领导人和一个坚实的团队，能够确保百事公司的未来发展。”“领导人培养领导人。”

（2）确定明确的人才培养标准和目标

人才培养或培训工作要做好，前提条件是要有明确的标准，只有这样才能事半功倍，培养才有明确的目标。

（3）建立人才培养的有效组织、流程和制度

人才培养工作是企业所有成员的共同责任，当然，首先是最高领导的责任。德鲁克就讲过，管理者的三大职责：一是出业绩，二是培养人，三是宣传企业文化。

优秀企业通常把人才培养看成“一把手工程”，第一负责人亲自带头培养他人，参加培训，言传身教。通用电气的韦尔奇、百事可乐的董事长都是经常亲自担任高层管理者培训的教员，甚至亲自拟定教学大纲。

在一个管理完善的企业中，培养工作的参与角色很多，通常包括企业最高领导、人力资源副总裁、其他副总裁、各

级管理者、人力资源部门、内部讲师、员工。他们各自的培养角色是非常清楚的。

（4）只培养那些具备特定潜质的可以培养的人

国内很多企业培养人才的效率和效果都不好，他们感到很纳闷。企业投入的资源不少，但大家就是不满意。分析后，我们发现，一个重要的原因是企业选拔的培养对象不对或者根本没有选拔。许多高级人才特别是高级管理人才是需要具备一些重要的潜在素质的，不是所有的员工都适合当成管理者或者高级专家来培养。优秀企业一般在培养管理人才之前，都要做一些评估筛选工作。

（5）采用科学有效的具体办法来培养人

阿米巴组织加强企业文化建设，形成乐于培养人的文化氛围。凡是管理优秀的企业，在人才培养方面都形成了一定的文化氛围。管理者和骨干员工把培养人才看成自己的应尽职责，是一项自觉的行为，而不是强制规定的。

①跨部门，地区轮岗，双向交流

轮岗是企业和阿米巴组织培养高层管理者和复合型人才的一种常见做法。在咨询过程中，我们发现一个有趣的现象，往往一些最优秀的人力资源总监、财务总监、IT 总监来自于一线业务部门，原因就是这些轮岗者往往能站在业务的角度，站在公司的角度来思考人力资源管理问题、财务管理问题、信息管理问题。这些证明了轮岗的价值。

②分派导师，加强在职辅导，制订实施个人发展计划

导师制是一种效果好、成本低的人才培养方式，几乎所有优秀企业都会采取这种做法。

③阿米巴组织采用跨部门的项目锻炼人才

从培养人的效率和效果角度来讲，采用项目的方式是效率最高的，当然也是最贵的。

④阿米巴组织设立助理职位或副职，采用委员会方式，让潜质优秀者多参与阿米巴经营决策

一些企业设立很多管理委员会进行重大决策。为了培养高层管理人员，他们通常让一些中层干部参加一些重要的决策委员会，通过会议锻炼他们的决策能力，转变他们的视角，使他们站在公司的立场、角度看问题，而不是仅仅站在部门角度思考问题。

⑤让培训对象担任讲师

让培训对象担任讲师是一种效率非常高的人才培养办法，这种办法最大的好处就是促使拟担任讲师的人员要在短时间内系统学习、熟练掌握某领域的知识。否则，他没有办法给大家讲课。

一些可以熟练应用“人才复制方法”的阿米巴组织，每年都能批量培养出优秀核心人才。我总结了如图5－6所示的阿米巴组织优秀核心人才的复制方法，仔细察看并深入理解，或许就能落地。（前三个条件都是为第四个条件准备的，并把它串联起来。）

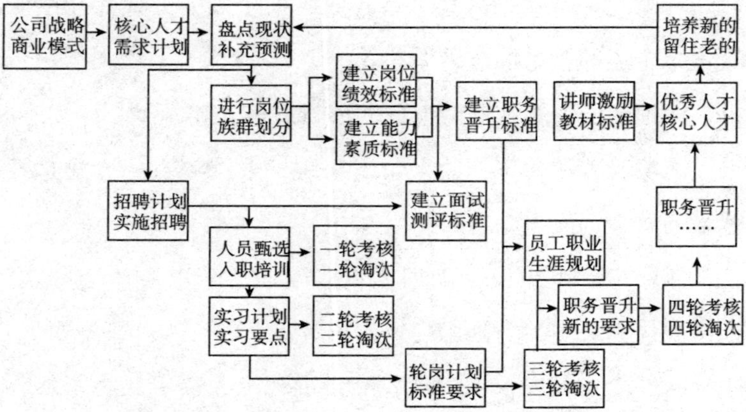

图 5-6　阿米巴优秀核心人才的复制方法

操作　在你的阿米巴中，设计"复制核心人才"的流程或方法。

第五节 6M 实效模型：快速复制巴长

关键策略

人才梯队建设必须严格遵循一套科学的流程，一些可以熟练应用人才梯队建设的企业和阿米巴组织每年都能批量培养出优秀核心人才。

人才梯队建设 6M 实效模型是我在人力资源管理领域多年来积累的经验，并提出核心人才复制实战对策。人才梯队建设 6M 实效模型，即人才梯队建设需要经过的六大步骤。

在一些阿米巴组织，管理者大多没有掌握人才梯队建设的流程与工具，更谈不上应用“人才梯队建设的方法”了。他们对如何培养现代化的、职业化的人才毫无经验。

人才梯队建设必须严格遵循一套科学的流程，一些可以熟练应用人才梯队建设的企业和阿米巴组织，每年都能批量培养出优秀核心人才。在这里，我有必要介绍人才梯队建设 6M 实效模型，6M 模型是我在人力资源管理领域多年来积累的经验，并提出核心人才复制实战对策，如图 5－7 所示。

阿米巴人才梯队建设 6M 实效模型，即人才梯队建设需

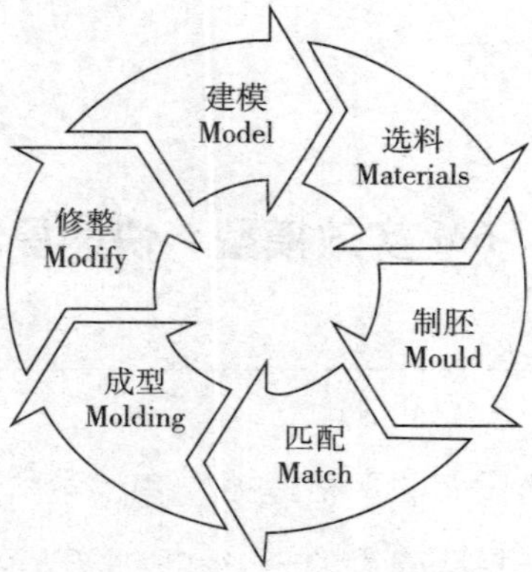

图5-7　阿米巴组织人才梯队建设6M实效模型

要经过的六大步骤：

第一步：建模（Model）——建立标准

建模，即建立阿米巴组织所需人才的各项要求。

对于任何人才梯队建设的方法来说，首先当然必须要建立标准模型，所以，阿米巴组织人才梯队建设的建模，实际就是建立"我想要的"人才的各项标准。依据不同岗位的需求，分别建立以下标准，或许就能落地了。

A. 岗位职责标准、岗位绩效标准；

B. 能力素质标准、职务晋升标准；

C. 甄选方法标准、培养教材标准。

第二步：选料（Materials）——人才甄选

选料，即甄选有潜质的人才。阿米巴组织进行核心人才梯队建设，培养重要岗位的核心接班人，关键点就是甄选

“有潜质的”人才。

阿米巴组织往往是结果导向的，企业需要人才的直接目的就是创造绩效！什么样的人才能够创造更好的绩效？有没有一些通行的办法，可以来衡量一个人的领导力潜质，从而判别他是否属于有潜质人才呢？

从结果上来看，“有潜质人才”往往需要具备三大要素：第一，绩效表现优异且踏实可靠，能证明自己胜任某个职位，而且能证明自己踏实可靠；第二，掌握新型专业知识、技能，不断地拓展自己的知识领域，管理更大的团队，同时，认识到行为的重要性；第三，有潜质的人才往往有高情商，他们的工作态度、性格和品质影响着他们的潜力发挥，他们追求成就感，对工作充满激情，乐于学习并富有上进心。

因此，阿米巴组织甄选“有潜质的”人才，就要根据如上三大要素，设计一些甄选方法。而如果企业和阿米巴组织花费大量资金和精力，却总也招不到“有潜质的”人才呢？其实，即便这样企业也不用着急，参考以下两点，或许就能落地了。

A. 每个岗位所需要的能力素质不同，因此其面试方法、测评方法也相应不同；

B. 选材对象也包括每个晋升阶段的老员工。

第三步：制胚（Mould）——人岗匹配

制胚，即阿米巴组织依据不同岗位、不同类型的人才按计划培养的过程。

即使你是伯乐，具有一双慧眼，要根据用人标准，通过科学的甄选方法，得出“有潜力的”人才，也需要经过实践来检验。

在具体实践中，多数阿米巴组织在人员入职之后，经过简短的注意事项式的培训便可上岗；若是高管入职或者老板自己找来的人员，便连这道程序也免了，按照计划培养与轮岗就做得更少。

如何建立人岗匹配呢？注意以下三点，或许就能落地了。

A. 通过入职培训、见习、实习等进行筛选；

B. 通过轮岗、转岗、在岗培训等进行筛选；

C. 正式定位并进入专业晋升渠道（如技术类、管理类等）。

第四步：匹配（Match）——专业晋升

匹配，即阿米巴组织把合适的人放在合适的岗位上，从而形成完美的人岗匹配。

通过第三步的在岗、考核、培训，甚至轮岗、考核、培训，反复地考察后，等待晋升的员工是“驴”是“马”已见分晓。是“驴”，就用来负重；是“马”，就用来快跑。

人才分类之后，通过职位胜任力匹配度分析，阿米巴组织可以清楚地了解员工的能力强项与差距，对不同晋升候选人进行横向比较，以做出正确的任命决策。在被任命者没有完全达到目标能力要求时，还可以针对员工的能力短板进行密集的培养和发展，帮助其迅速适应新职位的要求。总之，不同的员工各有所长，总能形成最优的人岗匹配模式。基于胜任力的职业发展方法能帮助公司把员工放到最合适的岗位上，同时使员工有清晰的发展方向和目标。

归类定位完成后，在一定时期之内，员工便要专心地在其工作领域深造，而企业要明确各级晋升标准，然后告知员工：风光就在楼上，我们会给你梯子，助你往上爬。

参照以下两点，或许就能落地了。

A. 强调个人特质与岗位相匹配。正式的定位便从某一层次开始培养、考核、晋升；

B. 如果培养复合型人才，也可再考虑新一轮的转岗、轮岗。

第五步：成型（Molding）——持续定位

成型，即持续在某个领域发展，成为这个领域的顶尖优秀人才。

人岗匹配实际上是一个动态过程，并非一锤定音、一成不变的，却也不可以朝三暮四、朝令夕改。定位之后，若是发现晋升的员工并未创造理想的业绩，那么企业首先需要分析外在环境是否制约了员工的能力发挥。如一个销售经理，他业绩不够理想的原因是他的营销能力不强，还是外在的客观因素使然呢？通过客观分析，才能准确判断人才是否匹配。分析之后，其次才是考虑调岗，因为排除外在因素就只能找内部原因了。事实上，学习能力越强的人，越有可能脱离专业而走向复合型人才。所以，从第四步匹配到第五步成型是一个从量变到质变的循环过程，只是越到后期，其过程周期越长，因此古语有云：“四十不学艺。”

那么如何处理这个辩证关系呢？注意以下两点，或许就能落地了。

A. 通过若干次人岗匹配后，就能发现最佳匹配对，这时就可以持续下去了；

B. 岗位类型基本分为领导、管理、专业三大类型。专业类型又可分为研发、工程、财经、市场、销售等。

第六步：修整（Modify）——追求卓越

修整，即针对局部不足而进行特别培训，促使人才更加完美，追求卓越。

按照常理，经过匹配、成型之后，培养出来的人才便可以在这个领域快速奔跑。然而经过千锤百炼、层层甄选、严格考核才选拔和晋升的人才，为何还需要修整？答案是，人无完人，再卓越的管理人才，也有不足之处。既然有管理能力上的不足，就要不断对其进行修整、培训，这才是追求卓越的企业和个人应有的选择。

到底应该如何追求卓越呢？参考以下两点，或许就能落地了。

A. 如果已经具备了优秀人才的特质，但可能在某些细节方面还需要修整，如个性、形象、领导力、影响力、情商等，那就在这些方面努力；

B. 自己优秀，能不能帮助别人也变优秀？这就是修整一个人乐于助人的心态和助人的能力。

至此，或许有人会问："阿米巴组织建立人才梯队需要这么庞大的工程，操作起来不会有很大难度吗?"人才梯队建设的整个体系的确是个工程而非一件工作，但是人才梯队建设6M体系建立之后，操作也就不再复杂。世事就在为与不为之间，而非难与不难之间。

案例

柏明顿的客户中，有一家电器研发、生产企业，该公司已经成功导入阿米巴经营模式。该公司已经建立即需即供的管理人才梯队。HR和阿米巴明确责、权、利，通过各类渠道获取人才资源，实施管理人才梯队建设，即基本可以直接聘用的人才已锁定，需定期沟通吸引的人才，初选通过的目标人选。

HR通过持续跟踪并不断优化目标人选，适时对人才进行分类管理，针对不同类型的人才实施差异化的分别吸引。经过长期不断的沟通，让候选人清晰了解并认同企业文化和战略，大大缩短了人才配置的周期，保证了人才配置的质量。

阿米巴领导人对竞选入阿米巴的员工，要进行定期的绩效辅导和沟通，并根据实际绩效进行动态优化，以保持阿米巴的整体竞争力。对未能竞选入阿米巴或竞选入阿米巴后因绩效等原因又被阿米巴退出的员工，集团公司一般整合资源提供多元化的再竞岗机会。通过阿米巴员工的动态优化，目标是提升阿米巴员工的活力。

操作 在你的公司中，设计“阿米巴人才梯队建设”的流程或方法。

扫码可获得以下内容：

1.阅读本书的电子书。
2.观看企业管理课程视频。
3.获得中国经济出版社定制的精彩书单。

第六章　阿米巴合伙制的设计与实施

在移动互联网时代，原有人才管理制度和公司治理机制在吸引核心人才、选择经营者、激励经营者等方面显得力不从心，而合伙人机制成为趋势。

组织变革，刻不容缓。阿米巴合伙制是一种新的企业组织机制和管理机制，它变资本雇佣人才为资本与人才实现"共享、共创、共担"，共同推动企业平台的创新与发展。阿米巴合伙制可以使人资关系更加紧密，人才开发更加充分，内部管理更有效率，充分地激活核心团队，解放老板。

本章目标

1. 了解：合伙制的法律概念。

2. 理解：阿米巴合伙制的要点。

3. 掌握：阿米巴合伙制的实施流程。

形成成果

阿米巴合伙制。

第一节 合伙制的法律概念

在做阿米巴合伙制之前，要明确法律上的合伙制和管理上的合伙制之间不同之处。合伙人有两种含义：一种是法律含义；一种是管理含义。合伙人的法律含义就是指合伙企业的合伙人，而目前在管理界所讲的合伙机制并不是法律意义上的合伙人。从管理的角度来讲，合伙人也有两种模式：一种是指合伙人的管理机制；另一种是合伙机制与平台管理相结合，形成业务模式创新。这种业务模式，一般称为“平台阿米巴经营模式”。

一、普通合伙人

普通合伙制是所有的合伙人对于合伙制的经营、合伙制结构的债务以及其他经济责任和民事责任负有连带的无限责任的一种合伙制。普通合伙制结构中的合伙人称为“普通合伙人”。

1. 普通合伙制结构具有哪些特点

普通合伙制的资产由合伙人所拥有；合伙人将对普通合伙制的债务责任承担个人责任；普通合伙制结构的法律权益

转让必须要得到其他合伙人的同意；在普通合伙制结构中，每个合伙人都有权参与合伙制的经营管理；普通合伙制结构中对合伙人数目一般有所限制。

2. 普通合伙制结构的缺点

第一，合伙人承担无限责任。这也严重限制了普通合伙制在项目开发和融资中的使用。

第二，每个合伙人都有约束普通合伙制的能力。按照合伙制结构的法律规定，每个合伙人都被认为是合伙制的代理，这给合伙制的管理带来诸多复杂的问题。

第三，融资安排相对比较复杂。

二、有限合伙人

有限合伙制是指在有一个以上的合伙人承担无限责任的基础上，允许更多的投资人承担有限责任的经营组织形式。也就是说，有限合伙制允许某些合伙人的责任仅限于每人在合伙制企业的出资额。有限合伙制通常要求：第一，至少有一人是一般合伙人；第二，有限合伙人不参与企业管理。

有限合伙制可以实现投资者与创业者的最佳结合，尤其适合于风险投资。一方面，有资金实力者出于谨慎，不愿投资于需要承担无限责任的普通合伙企业，而公司制中所有权与经营权分离可能导致的经营者道德风险也令其望而止步。另一方面，拥有投资管理能力或技术研发能力者往往缺乏资金，愿意以承担无限连带责任为代价取得资金管理权，在承担较高风险的同时，在项目成功以后，获取高于其出资额数倍以至十倍以上的高额利润。有限合伙制度完全契合了这两种市场需求，确保了资本、技术和管理能力的最佳组合，实现效益最大化。

有限合伙制的魅力，主要体现在如下几个方面：

第一，独特的多重约束机制。一是普通合伙人承担无限责任；二是由于合伙期一般只是一个投资期，由投资者组成的顾问委员会实施监督，限制普通合伙人损害投资者的利益。

第二，灵活的运作机制。有限合伙以协议为基础，很多方面可以由合伙人协议决定，这更适合投资者的各种不同需求。

第三，优惠的税收政策。因为有限合伙制无须缴纳公司税，只缴纳个人所得税，避免了公司制下双重纳税的弊端，有效降低了经营成本。

第四，便捷的退出机制。有限合伙人转让其合伙份额不会影响有限合伙的继续存在，这为风险投资提供了一条较之公司股份发行上市更为便捷的退出通道。

表 6－1　合伙人制度的四种形态

<table>
<tr><th>合伙制企业</th><th>公司制企业</th></tr>
<tr><td rowspan="3">第一种：股权激励＋
公司控制权＋身份象征</td><td>第二种：身份象征为主</td></tr>
<tr><td>第三种：股权激励为主</td></tr>
<tr><td>第四种：公司控制权为主</td></tr>
</table>

思考　普通合伙人与有限合伙人最大的差别是什么？

案例

万科合伙制的实践与思考

以股权、期权制度建立激励机制，将是大势所趋。万科正在以合伙人制维持控股权，实现员工利益共享、风险共担。万科提出“事业合伙人”制度，合伙人实行无限连带责任，公司捆绑员工利益，彻底实行利益共享、风险共担。

一、万科为什么推行合伙制

万科合伙人制，从根本上讲一是复杂的核心员工持股计划，二是跟投机制。前者一来以核心层员工购买万科股份的形式强化管理层的控股权，二来将核心层的利益与万科捆绑在一起。而跟投机制中的必须跟投和自由跟投，则尽可能地将中高层员工、有共同发展意愿的其他员工、外部供应商等捆绑在一起。

在合伙人制度下，合伙人和股东的利益是一致的，该制度将真正提升和完善公司的运营效率。相反，损害股东的利益就是损害自己的利益，损害集体的利益。在这样的文化氛围下，相信那些钻空子、只顾眼前利益的做法将很难存在。

二、万科合伙制的特点

万科事业合伙人要求：共创、共担、共享。你创造了价值当然可以分享创造价值的成果；如果你损毁了价值，应该承担相应的责任。所以把共创、共享发展为共创、共担、共享。

与一般持股会不同，万科事业合伙人制含有期权性质，事业合伙人签署《授权委托与承诺书》，将其在经济利润奖金、集体奖金账户中的全部权益，引入融资杠杆，进行投资；同时承诺在集体奖金所担负的返还公司的或有义务解除前，以及融资本息偿付完成前，该部分集体奖金及衍生财产统一封闭管理，不兑付到个人。

万科在2014年推出了合伙人持股计划。这个计划不是股权激励，更不是团队从公司获得的奖励，而是经济利润奖金的全体奖励对象自愿把滚存的集体奖金加上杠杆，买成公司股票。由于引入了杠杆，在股价的涨跌过程中，持股合伙人将承受比股东更敏感的损益。

万科还推出了“项目跟投制度”。所谓项目跟投，就是对项目获取和经营质量影响最大的那部分员工——项目的管理团队和城市公司的管理层，需要拿出自己的钱和公司共同投资。

三、万科如何实施合伙制

1. 确定跟投规则——投多少，谁能投

根据万科公司跟投制度，员工初始跟投份额不能超过项目资金峰值的5%，公司将对跟投项目额外受让跟投，投资总额不超过该项目资金峰值的5%。项目所在一线公司跟投人员可以在未来18个月以内，额外受让此份额。另外，项目所在一线公司管理层和该项目管理人员是必须跟投人员。

2. 跟投制度带来巨大变化——团队被激活

第一，项目团队活力增强——从过去给任务到积极寻找最优方案。在每个参与项目的员工基本都跟投之后，员工对项目的积极性高了很多，从过去完成公司给的任务变成积极主动寻找更优方案。

第二，跨部门“协同”效果显著——不扯皮，而是联合找最优方案。有了跟投制度之后，团队的各个部门主动配合设计部门，开始寻找替代方案。

3. 营销去化加速——“人人都是经营者”

到了营销环节，项目跟投带动的积极性更是不言而喻。成为项目的股东之后，由于产品定位、新项目的预期收益情况、资金回流情况、风险控制等事关切身利益，员工会主动推广项目，不同部门出去见客户谈合作的时候，也留意一下该企业是不是项目目标客户。

4. 合伙人文化机制——信任文化+协同文化+去金字塔化

事业合伙人几乎将万科过去的公司文化完全颠覆。首先是信任文化，合伙人制度要有“背靠背的信任”。第二是建立协同性，基于利益的一致才有互相支持配合的协同性。有了这些，万科才可以超越短期绩效，向成为健康组织的方向靠拢。

5. 合伙人升级方向——内部事业合伙人到生态链上合伙人

沿着事业合伙人的思路，万科未来可能将项目跟投扩大化，将产业链上下游也变成合作伙伴，建立新型房地产生态系统。例如，如果施工单位也成为事业合伙人，偷工减料的问题就能从根源上杜绝，工程质量得以保证。房地产本身是个资金密集型行业，如果买地时资金方面引入合伙人制度，成本也能大大减轻。这相当于将产业链的利益相关者也发展为事业合伙人，从一家公司出发，作为平台进行内部创新，创新最终结局是重构一个生态体系。

第二节 阿米巴合伙制的要点

阿米巴合伙制是企业未来发展的标配，把企业发展成平台和内部创业生态系统，让优秀的人才成为阿米巴合伙人，实现人与人、人与平台、人与资本的更好匹配。

阿米巴合伙制无非是控制权机制和激励机制。控制权机制一般由经营团队组成合伙人团队，通过这一机制，对公司的战略经营决策产生一定的控制权。而激励机制是公司将股权激励或者利润分享，实行跟投机制和内部创业机制等。

阿米巴合伙制打破企业内部纵向决策、横向分工的组织体系，由公司建立支持平台，在平台上以合伙人牵头建阿米巴团队。各阿米巴组织独立决策、自负盈亏，合伙人对项目有充分决策权，享有相当的项目收益，因此工作积极性高，归属感强；公司的角色由领导者变成支持者和辅助者，为他们提供技术、人事、生产资料等支持，让人才以公司为平台内部创业。

“平台+合伙人+阿米巴”，这种阿米巴合伙制不仅仅是一种激励机制，更是一种商业模式创新。

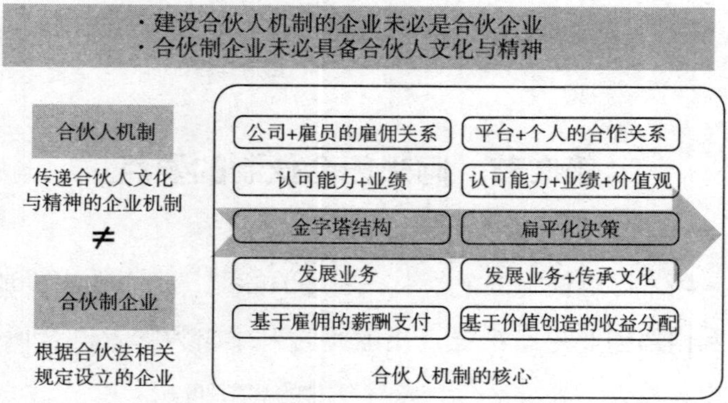

图6－1　合伙人机制

阿米巴合伙制的要点，总结而言有如下几点：

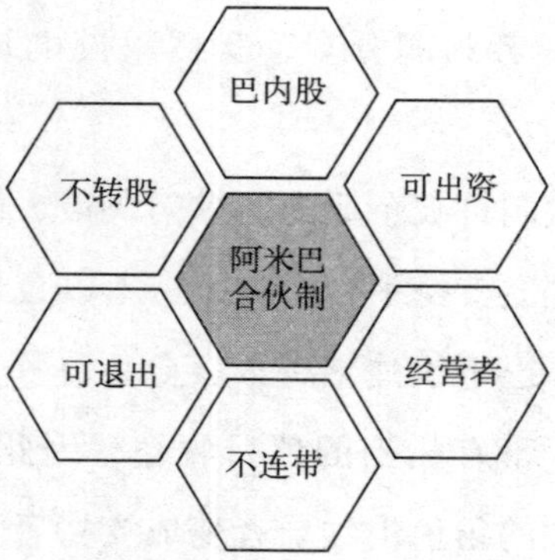

图6－2　阿米巴合伙制的要点

一、巴内股

员工的股值来自阿米巴内，所以每个阿米巴都有一个资产负债表。如果是一个区域性阿米巴，员工有一部分股份来自于区域阿米巴，还有一部分股份来自于销售公司。这些都属于“巴内股”。

二、可出资

公司与核心高管合资成立阿米巴组织，共同运营业务，根据出资额的多少确定股份比例，共同决策。在阿米巴合伙制里，公司有控制权，员工有经营权和分配权，可以设置一定的期权池和激励机制，公司一步步过渡股份，激发员工的创业热情。这种模式需要员工具备一定的资金实力，或通过借贷解决。

“可出资”还有一种方式，即员工成立阿米巴组织，母公司作为投资人，只出钱不出力；员工出力，也可出资。比如，项目估值500万元，公司投资100万元，占股20%，年底分红。公司也可要求确保资产回报率不低于某个数值。这种阿米巴合伙人制让人人成为经营者，在公司平台创业。

三、经营者

阿米巴合伙制让优秀的人才成为合伙人，也成为阿米巴经营者。每个阿米巴里，当所有员工都成为阿米巴合伙人之后，也就实现“人人成为经营者”。每个阿米巴以阿米巴的领导为核心，自行制订各自的计划，并依靠全体成员的智慧和努力来完成目标。

人人成为经营者，更激发所有员工的“老板意识”。经营者更愿意将他的时间、资金、智慧都贡献给阿米巴组织，共同参与经营，共享企业经营成果，共同推动企业的创新与发展。团队被激活，协调更顺畅，营销更生猛，内部管理更有效率。

四、不连带

普通合伙人对合伙企业的债务承担无限连带责任，但阿米巴合伙人只承担有限责任，即阿米巴合伙人只承担与其出资额相应的责任。

五、可退出

在阿米巴合伙制里，如果阿米巴合伙人由于个人经验与认知的局限，没有获得快速成长，不再适应公司发展需要，在阿米巴内部没有合适的工作能够发挥他的作用，那么阿米巴合伙人退出是早晚的问题。

因此，阿米巴合伙制可提前设定好股权退出机制，约定好在什么阶段合伙人退出阿米巴后，要退回的股权和退回形式。当合伙人退出阿米巴后，其所持的股权应该按照一定的形式退出，公司对其股权具有优先购买权等。这样做，一方面对继续在阿米巴组织里做事的其他合伙人更公平；另一方面也有利于公司的持续稳定发展。

六、不转股

阿米巴合伙人持有的是“巴内股”，阿米巴合伙制可规定，要求其合伙人不转股。

思考　阿米巴合伙制与普通合伙人制度最大的差别是什么？

案例

华为为什么让员工持股

任正非认为高科技行业需要大家一起进行利益分享，他们的员工持股就是知识资本化，员工分享企业的利益。正是因为员工持股，才使他们团结了这么多的人。那么，华为的员工如何持股？华为新员工可以持股吗？如果工作十年以上对公司贡献比较大的员工才有股份，那么华为员工的持股或分红的模式是怎样的？

一、华为为什么实行员工持股制度

华为实行员工持股制度，一方面，华为的模范员工会结成公司与员工的利益与命运共同体；另一方面，将不断使最有责任心与最有才能的人进入公司的中坚层。

二、华为的员工持股制度有何特点

华为的员工持股制度历经了数次调整。

2001 年后，华为公司实行了相应的员工持股改革：新员工不再派发长期不变的每股的 1 元股票，而老员工的股票也逐渐转化为期股，即所谓的“虚拟受限股”（下称“虚拟股”）。虚拟股由华为工会负责发放，每年华为会根据员工的工作水平和对公司的贡献决定其获得的股份数。员工按照公司当年净资产价格购买虚拟股。拥有虚拟股的员工主要的收益变化是，除了可以获得一定比例的分红，还可以获得虚拟股对应的公司净资产增值部分。

2008 年，华为再次调整了虚拟股制度，实行饱和配股制。即规定员工的配股上限，每个级别达到上限后，就不再参与新的配股。这一规定也让手中持股数量巨大的华为老员工们配股受到了限制，给新员工的持股留下了空间。

经过调整后的虚拟股制度一直沿用至今。

三、华为如何让员工持股

华为的员工持股，实际上是一种虚拟股，员工并非真实意义上的股东。

任正非说：“谁拥有华为？我不知道怎么说，我反正只有百分之一点几的股份。”从法律上说，华为公司的股东有两个：一个是华为公司工会，代表员工持股98.93%；另一个是任正非，持股1.07%。这些持有股份的员工不同于公司法意义上的股东，因为从2001年起，他们持有的公司股份就改为虚拟受限股。简单来说，员工并不是公司直接的股东，但享有分红权和股份增值权。大规模员工持股是华为一种成功的公司治理模式。事实上，除了员工激励，这也是华为的内部融资行为。

四、华为的员工持股制度的作用：渡过难关的秘密

任正非本人多次指出，华为能够从一个2万元起步、没有任何创新能力的小企业成长为一家拥有15万名员工、全世界150多个办事处、年销售收入达395亿美元的大公司，员工持股计划发挥了巨大作用。

华为曾经有四次“紧要关头”：创业期、网络经济泡沫时期、非典时期、全球性金融危机时期。员工持股计划成为华为渡过难关的秘密所在。

作为贡献者的员工得到了什么？最近的数据是在华为允许《金融时报》探访其总部时给出的，员工持股计划2014年对华为公司股票的定价为每股5.42元，员工购买数万股需要几十万元。2010年每股分红2.98元，2011年为1.46元。2013年每股分得的红利为1.41元，相当于以当前价格买入将获得26%的收益率。

抛开收益、技术、人才等硬指标的考量，员工持股计划

也是维持任式领导风格的重要因素，为华为内部去阐释和强调奋斗精神提供了逻辑上可以自我说服的基础。

五、华为员工持股：公司与员工的双赢

员工持股计划把所有的人都聚集到了一个平台上。华为推行大面积员工持股，这种机制和制度吸引、团结、黏合住了大批人才，包括国际化员工。用任正非的话说，正是这种制度，形成并沉淀了公司“利益分享，以奋斗者为中心的文化”。

第三节　为什么要实行合伙制

把阿米巴做成合伙制，在实施之前，我们就要多问几个问题：企业为何要投这个项目？合伙人为何要与我们在一起？企业平台最终价值为何？有什么核心资源是对方所依赖的？如何挖掘出企业特殊性资产的潜力，从而将企业做成平台，双方互利相成，共同做大平台？这也是平台阿米巴的思维。更重要的是，同样的人才，由于合伙制改变了组织架构和契约合同，员工的行为就会随之改变，潜力也被充分激发，这也就是合伙制鼓励创新的力量。

企业实行合伙制，主要出于几个目的：留住人才、全力经营、持续发展、劳资合酬、内部创业、吸引项目等。

一、留住人才

企业引入阿米巴合伙人机制，通过股权激励计划来改善公司治理结构，留住人才，已是大势所趋。

1. 企业为何难以留住核心人才

伴随着全球经济一体化的加速到来和产业分工的日益专业化，企业之间的竞争越来越激烈。从表面上看，企业之间的竞争是企业所提供的产品和服务的竞争，其实，从根本上说，这些产品和服务都是由企业的人才来提供的，因此企业之间的激烈竞争实质上就是对人才的争夺。

人才的重要性不言而喻，但很多企业都遭遇了人才难留的尴尬境地。企业为何难以留住核心人才？归纳起来有如下几点：人才对企业缺乏归属感；优秀人才更愿意为自己而做，而不是受雇佣，去打工；公司和核心人才不是合作的关系，只是简单的雇佣关系，那么员工只会把工作当成一种工作而不是一份事业；一股独大的企业很难做大、做强、做久，优秀人才不甘愿在这样的企业干一辈子，长本事之后就会选择创业；企业缺乏好的经营模式和内部创业机制，优秀人才感觉空有本领，却无用武之地。总结而言就是：你不给他创业，他就挖人创业；你不给他股份，他自己找股份。

2. 实行合伙制为何能够留住人才

实行合伙制之所以能够留住人才，主要有以下几点因素：

第一，实行合伙制，采用员工持股计划，能够让员工把阿米巴当成一项事业，而不是简单的雇佣关系。

第二，合伙人机制能够创造拥有感。这种拥有感主要是参与企业经营的权利，在企业内部为人才创造创业的条件，变为别人打工为“为自己打工”。这样销售额增长更快，员工生产力更高，离职率也更低。

第三，从利润分配角度来讲，合伙人在收益方面拥有很大的主导权。企业会按照个人能力及贡献度的大小进行利润分配，让优秀人才得到合乎其价值的报酬，这种激励模式更能够稳住人才。

第四，实行合伙人制使员工有一定的归属感。员工在经年累月的工作中培养出对公司的强烈忠诚感，若成为合伙人意味着终身雇佣，至少这种模式对现在人才流动性过大甚至出现人才荒的问题起到一定缓解作用。

第五，企业致力打造的“企业平台+合伙人制+阿米巴经营”制，是期望为最优秀的员工提供一个“创业平台”，最终实现企业平台和阿米巴员工的共同成长。

3. 如何通过实行合伙制留住人才

企业引入阿米巴合伙人机制，通过股权激励计划来改善公司治理结构，留住人才，已是大势所趋。那么，企业如何通过实行合伙制留住人才呢?

第一，推行合伙人制度，把职业经理人变成阿米巴合伙人。企业要与员工分享企业发展带来的红利，把公司利益和员工的利益紧紧捆在一起。

第二，完善培训体系，为企业的未来储备人才。企业也应抱着开放的心态，若项目切实可行，团队过硬，鼓励内部创业，实现企业裂变式地发展。

第三，实施股权激励计划，有利于企业稳定和吸引优秀的管理人才和技术人才。实施股权激励机制，可以让员工分享企业成长所带来的收益，增强员工的归属感和认同感，激发员工的积极性和创造性。

第四，通过导入阿米巴经营模式以及引入合伙人机制，调动人才的自我驱动力、创造力，实现企业发展与人才进步的协调发展。

第五，为更好地保留和激励核心人才，企业要将核心人才的个人损益与企业损益挂钩，即“利润共享，风险共担”。

第六，通过合伙人选拔机制和退出机制，确保“谁创造谁分享”原则，充分尊重人才。

思考 通过阿米巴合伙人机制留住人才，为什么是大势所趋?

二、全力经营

合伙人制成为企业组织模式变革的一个重要方向。在柏明顿公司的客户中，很多公司的改革已经卓有成效。这些公司的合伙人制虽然所用方法不尽相同，但制度设计的出发点类似，就是要通过实行阿米巴合伙人制建立企业平台，发挥人才的创造力，形成公司的持续创新能力，以迅速响应客户需求，全力经营，提升公司运营效率。

实行合伙制，为什么能够促使企业全力经营？我们总结如下几个要点：

1. 合伙人有创业心态，就会全力以赴地经营

从员工转变为合伙人，这种转变更好地解决了投资者和员工之间的利益分享。这些股东拥有职业经理人和阿米巴合伙人二合一的身份，既为股东打工也为自己打工，与公司的利益变得一致了。

成为阿米巴合伙人之后，还能够自我激励，自我驱动。同样一件事情，用打工的心态做和用创业的心态做，效果完全不一样。合伙人有创业心态才会极度喜欢自己所做的事，才会自我燃烧，激发出主动性，全力以赴地经营。

2. 下放经营决策的权力给合伙人

阿米巴合伙制的本质是下放经营决策的权力给合伙人，以合伙人团队灵活、高效的业务能力提升公司的效率和业务水平。各阿米巴团队独立决策、自负盈亏，合伙人对项目有充分决策权，享有相当的项目收益，因此工作积极性高，归属感强。

阿米巴经营模式是讲求人人平等的，业绩做得好，得到的不仅仅金钱的奖励，还有企业其他员工和老板的赞美和感谢。这样做会使得员工与员工之间相互信任，人人都朝着自己设置的经营目标全力以赴地工作。

员工成为阿米巴合伙人，也成为经营者，感受自己的参

与企业经营的喜悦，实现自己的经营计划，并尊重了每个人的劳动成果，使得员工从尽力而为到全力以赴。

3. 拥有股份的员工拼命做业绩、超目标

企业实行合伙制，对员工进行相应的股权激励计划，使其与企业结成利益共同体，对员工的好处是员工可以有条件地享受部分股东权益。

经营者会因为自己工作的好坏而获得奖励或惩罚，这种预期的收益或损失具有一种导向作用，它会大大提高管理人员、技术人员的积极性、主动性和创造性。员工成为公司股东后，能够分享高风险经营带来的高收益，有利于刺激其潜力的发挥。这就会促使经营者大胆进行技术创新和管理创新，采用各种新技术降低成本，从而提高企业的经营业绩和核心竞争能力。

将这些员工利益与公司利益紧密地联系在一起，构筑利益共同体，拥有股份的员工会全力经营、赶超目标。

思考 阿米巴合伙人制度为什么能够激励员工全力经营?

案例

永辉超市合伙人制度

永辉超市推出合伙人制度，一方面是行业大环境使然；另一方面，永辉超市天生具有推行合伙人制度的基因。

永辉在全国设立了 7 个大区，在 18 个省市拥有将近 400 家门店。针对区域差异性，“合伙人”制度的具体方案也不尽相同，但万变不离其宗，“合伙人”制度核心就是：总部与经营单位（合伙人代表）根据历史数据和销售预测制定一个业绩标准，如果实际经营业绩超过了设立的标准，增量部分的利润按照比例在总部和合伙人之间进行分配。

一、永辉超市合伙人制度特点

1. 制度含义：总部与合伙人代表根据历史数据和销售预测制定一个业绩标准，一旦实际经营业绩超过了设立标准，增量部分的利润按比例在总部和合伙人之间进行分配。

2. 参与主体：也即合伙人代表，目前是以门店作为代表员工去参与合伙人计划。

3. 执行过程：在完成销售达成率和利润达成率等指标前提下，合伙人根据增量部分的利润，与总部按照三七、四六、二八等比例分红。

二、永辉合伙人制度的本质

1. 分红制度：“永辉合伙人”有别于其他公司“合伙

人”制度，“永辉合伙人”并不享有公司股权、股票，而只有分红权，相当于总部与小团队的利益再分配。

2. 激励机制：“永辉合伙人”有别于常规的绩效考核制度，借助阿米巴经营思维——“人人都是经营者”，重在激励，相当于总部与小团队的业绩对赌。

三、永辉合伙人制度推出原因

1. 管理经营探索：调动员工积极性，必须将企业业绩跟个人建立起一种“直接关系”。

2. 商业环境使然：希望能够在未来找到一个科学的机制，与每一位员工共享利益。

3. 找回创业状态：合伙人制度正在帮助永辉找回当时创业的状态。

四、合伙人制度的目的

1. 对于员工：提升员工积极性，养成“人人都是经营者”的意识。

2. 对于管理者：管理机制创新，持续提高人的效率。

3. 对于股东：减少刚性成本上升压力，长期价值最大化。

4. 对于消费者：彰显企业融合共享的文化。

5. 对于竞争对手：打造永辉的独特竞争力。

五、永辉超市如何实施合伙人制度

1. 精简组织架构和强化合伙人激励

架构精简及优化：总部架构调整，人效偏低门店梳理。

人力费用控制：离职率控制、新开店人力费用控制等。

推动合伙人：调动课长和员工积极性，分红纳入考核。

人才培养：主抓三级培养，即店长经理级、课长级培养，技工培养。

2. 组织变革与机制创新

组织变革：管理扁平化，组织精干高效。

效率提升：人员优化，注重能力提升。

机制创新：推动合伙人机制，推行绩效文化。

干部培养：完善梯队建设，抓好人才引进。

六、总部与小团队的利益再分配

2014 年，永辉超市在全公司推广“合伙人”制度。一些后勤的岗位也可以用量化的方式来推行合伙人计划。比如，防损就有损耗率的考量，节省下来的钱就相当于利润。再比如工程部，在保证质量的前提下，省下来的预算也相当于业绩。目前，永辉约有 4 成员工成为“合伙人”。

所谓“经营单位”，也就是总部与其进行利益分配的另一方。由于永辉有数万名员工，总部不可能与每一位员工去开会敲定合伙人制度的一些细节和考核标准。因此，一般是以门店或者柜组为经营单位，他们代表基层员工参与合伙人计划，与总部讨论至关重要的业绩标准。

一般情况下，合伙人是以门店为单位与总部来商谈。永辉总部代表、门店店长、经理以及课长一起开会，探讨一个预期的毛利额作为业绩标准。将来门店经营过程中，超过这一业绩标准的增量部分利润就会拿出来，按照合伙人的相关制度进行分红：或三七、或四六、或二八。店长拿到这笔分红之后，就会根据其门店岗位的贡献度进行二次分配，最终使得分红机制照顾到每一位基层员工。

由此可见，永辉“合伙人”制度相当于总部与小团队的利益再分配。

首先，永辉合伙人制度对分给基层员工的比例有明确的规定。其次，永辉总部将合伙人制度和相关条例完全透明公开，基层员工可以根据自己的业绩预见将来的分红。在这种情况下，经营单位的负责人也不敢“中饱私囊”。

“合伙人”制还解决了一系列经营管理方面的瓶颈。如今，永辉超市的离职率约从8%降至4%，商品损耗率约从6%降至4%，上货率、更新率大为增加，商品质量、服务质量均有提升。

三、持续发展

实行阿米巴合伙制，可以让企业做大、做强、做久，获得持续发展。企业可持续发展是指企业在追求自我生存和永续发展的过程中，既要考虑企业经营目标的实现，提高企业市场地位，又要保持企业在已领先的竞争领域和未来扩张的经营环境中始终保持盈利的增长和能力的提高，保证企业长盛不衰。

实行阿米巴合伙制能够让企业持续发展，主要体现在以下几点：

1. 人才价值的回报机制

人才的价值回报不是工资、奖金就能满足的，有效的办法是实行合伙制，直接对这些人才实施股权激励，将他们的价值回报与公司的持续增值紧密联系起来，通过公司增值来回报这些人才为企业发展所做出的贡献。

2. 激发人才的创新动力，促使企业可持续发展

实行了合伙制，才能吸引和留住核心人才，而核心人才是企业创新的重要保证。企业有了众多创新型人才，并且能够自组团队，为经营结果负责，就会不断推动企业技术创新和管理创新，强化精益管理

在此基础上，企业制定符合实际需求的可持续发展战略，培育企业自身的企业文化和精神，建立和完善符合可持续发展要求的决策体系、治理结构、经营模式和业务流程，实现可持续的投资、运营和价值链管理，为企业结构调整、转型升级和走质量效益型发展道路提供深层动力和体制保障。

3. 企业只有共享发展成果，才能做大、做强、做久，获得持续发展

企业在实现自身发展的同时，还要实行合伙制，与员工建立互利共赢的机制，实现企业与员工的共同发展。企业要

在人力资源使用和管理的各个环节尊重员工权益，通过营造负责任、可持续的价值链，促进企业财富在生产、服务环节的合理流动与公平分配，实现企业平台、阿米巴组织和员工的价值共创与共享，使人人成为经营者。每个人都全力经营，企业平台就会持续发展。

思考 阿米巴合伙人制与企业做大、做强、做久的关联是什么？

四、劳资合酬

劳资合酬，什么意思呢？作为老板，在公司或阿米巴承担经营者的工作，就可以享受工资待遇。作为合伙人，不管出不出资，只要有股份，就可以作为股东按出资比例享受红利。

实行合伙制的好处就是能够“劳资合酬”。因此，企业老板可以考虑把自己的员工“拉入伙”，培养一种“高参与度”的企业文化，让充满热情并愿意为公司奉献的员工加入进来，同时提高透明度，与员工一起参与公司重要决策。

为了让员工保持热情，企业需要启动员工持股计划。当员工成为合伙人、股东后，这些未来的企业共同所有人会积极参与到工作之中，充满激情，也能承担责任，因为他们会把自己当作企业主人翁。他们不仅能在工作中保持身心愉快，还能时常为公司提供新想法、新创意，整个公司也因此变得欣欣向荣。

为了更好地实现“劳资合酬”，需要签订合伙协议。合伙协议具有开放性，不受出资比例的束缚，便于投资人和经营者自主、理性设计。这既能合理体现投资人的货币资本价值，又能合理体现经营者的人力资本价值，是投资人和经营者各得其所的分配和激励制度。

思考　“劳资合酬”为什么能够激发员工的工作激情?

五、内部创业

实行合伙制就是为了更好地推动内部创业。内部创业是由一些有创业意向的员工发起，在企业的支持下承担企业内部某些业务内容或工作项目，进行创业并与企业分享成果的创业模式。内部创业作为一种激励方式，不仅可以满足员工的创业欲望，也能激发企业内部活力，改善内部分配机制，是一种员工和企业双赢的管理制度。

实行合伙制，推动内部创业，我们需要注意以下要点：

1. 将企业愿景与经营策略相结合

清楚陈述公司未来的远景与目标，使内部创业者从事创新活动时有一个遵循的方向，并能与公司的经营策略相结合。推动内部创业的企业在政策上要能够支持与鼓励创新行为，只要是符合企业的发展策略，有助于实现企业的远景目标，由员工主动发起的创新活动将被容许，并且可获得资源上的支持。

2. 发掘企业内部具有创业潜力的人才，并加以鼓励支持

企业内部创业者，既是经营者，也是阿米巴股东。经营者追求的不只是金钱的报酬，还包括成就感、地位、实现理想的机会、拥有自主性，以及自由使用资源的权利。但创业行为也不能只凭一股热诚，经营者必须要有创意，并能提出具体可行的方案。

3. 建立内部创业团队，推行合伙人制度

除了具有创意以外，内部创业者必须是一位优秀的经营者，能够在组织内部吸引所需要的专业人才，共同组成创业团队。同时，实行阿米巴合伙人制，实现“共同经营，利益共享”。

4. 赋予创业团队自主决策权，同时要求对核算成果负责

企业对于内部创业团队的创新与创业活动，应给予很大程度的行动与决策自主。在一定额度范围内，创业团队可拥

有自由支配资源的权利。同时，也要求阿米巴组织对核算成果负责，在未实现成果以前，创业团队必须放弃分享其他部门为企业所创造的利益。

5. 采用红利分配与内部资本的双重奖励制度，激励内部创业行为

实行合伙人制度，就要采用红利分配与内部资本的双重奖励制度，有效激励内部创业行为。对于创业成功的奖励，除给予升迁选择外，还设计分享成果红利，以及给予可供自由支配的内部资本作为额外的奖赏。

思考 你如何在企业推行“内部创业”？

六、吸引项目

企业要吸引新的项目，一开始就要用合伙制的形式。

吸引新的项目，为什么要用合伙制？

1. 分享项目的股权，绑定员工与公司的利益

运用长期捆绑机制，重构人才和资本的关系，员工持股+项目跟投是常用的手段。对于新项目，原则上要求项目所在阿米巴管理层和该项目管理人员必须跟随公司一起投资，

必须让核心技术人才入股新项目。

通过核心人才跟投具体项目的方式，可以让员工分享项目的股权，绑定员工与公司的利益，发挥员工的工作积极性。实行项目跟投之后，这些部门更愿意形成一个团队向共同的目标努力了。

2. 合伙人对项目有充分决策权

阿米巴合伙人制的特点是打破企业内部纵向决策、横向分工的组织体系，由公司建立支持平台，在平台上以合伙人牵头组建阿米巴团队。各阿米巴团队独立决策、自负盈亏，合伙人对项目有充分决策权，享有相当的项目收益，因此工作积极性高，归属感强；公司的角色由领导者变成支持者和辅助者，为他们提供技术、人事、生产资料等支持，让人才以公司为平台内部创业。

3. 团队被激活，积极寻找最优方案

企业吸引新的项目，如果采用合伙制的形式，团队就会被激活，变过去的给任务做法为积极寻找最优方案。跨部门沟通容易，不再扯皮，而是联合找最优方案。

在项目的营销环节，项目跟投带动的积极性更是不言而喻。员工成为项目的股东之后，由于产品定位、新项目的预期收益情况、资金回流情况、风险控制等事关切身利益，员工都是全力以赴去做。

4. 不断吸引新项目，重构一个生态体系

企业平台不断吸引新项目，将项目跟投扩大化，将产业链上下游也变成合作伙伴，建立企业平台生态系统。如果产品供应商也成为阿米巴合伙人，偷工减料的问题就能从根源上得到杜绝，产品质量得以保证。如果生产时资金方面引入合伙人制度，成本也能大大减轻。这相当于将产业链的利益相关者也发展为阿米巴合伙人，从一家公司出发，作为平台进行内部创新，最终结局是重构一个生态体系，员工与股东捆绑在一起，利益基础一致，共冷暖。

思考 企业构建平台生态体系的重要性是什么?

第四节　实行阿米巴合伙制的流程步骤

从企业生命周期来看，现有企业推行合伙制的时点几乎都在转型阶段。随着知识经济的迅猛发展，原有的薪酬制度吸引力在逐渐减弱，人才的话语权在逐步提高，吸引并且留住人才成为决定企业命运的关键因素。企业要想做大、做强、做久，吸引优秀的合伙人加盟是最有效的途径。

实行阿米巴合伙制的流程步骤，主要有以下要点：

一、定目的

实行阿米巴合伙制主要是出于激励的目的。在这种激励模式下，对阿米巴合伙人，除了给予一些经济利益，可能还会进行文化层面的捆绑，包括人才的任用标准等，并赋予他们一定的权利。

其他目的还包括提高企业业绩、回报老员工、降低成本压力、吸引并留住核心人才、股权释“兵权”等。

二、定对象

定对象，即确定有哪些人能够成为阿米巴合伙人，明确合伙人资格，这是合伙人标准的问题。

阿米巴合伙制的本质是下放经营决策的权力给合伙人，以合伙人团队灵活、高效的业务能力提升公司的效率和业务水平。阿米巴合伙人需要符合一定的工作年限和职级要求，且具有较高的业务水平和人员管理能力。阿米巴合伙人的选择范围重点放在公司的中高级管理人员，以及对公司未来发展有直接影响的管理骨干和核心技术人员。

除此之外，企业可以通过向核心人才分享股权的方式来实现长期激励，让大家从雇佣关系彻底转变为事业合作关系。所以，对阿米巴合伙人除了工作年限、职级、业务和管理能力的要求外，还必须让他们高度认同公司的文化，否则就相当于引狼入室，带来麻烦。

三、定模式

做好合伙制，要采取哪种模式呢？合伙制的模式有以下几种：

1. 增量分红模式

传统的雇佣模式激励体系是工资＋提成＋奖金＋福利。增量分红模式是在传统的薪酬体系下增加利润分红。公司可以先约定目标业绩与利润，当实现目标利润后，可以把超额或者增量的利润分配给团队核心人员，从而体现激励的效果。

2. 虚拟股模式

虚拟股并不是真正的公司股份，比如，华为的虚拟股本质上是一种分享制。具体操作上，可以将公司或者阿米巴资产换算成一定比例的股份，然后授予员工一定数量的虚拟股。虚拟股有分红权和资产增值收益权。这种模式对财务核算要求比较高，要特别设置好进入、调整、退出机制，特别是退出时的资产增值收益。

3. 实股注册模式

公司与核心高管合资成立公司，共同运营业务。双方根据出资额的多少确定股份比例，还可成立董事会，共同决策。合伙制公司模式下，公司有控制权，员工有经营权和分配权，可以设置一定的期权池和激励机制，公司一步步过渡股份，激发员工的创业热情。这种模式需要员工具备一定的资金实力或通过借贷解决。类似的案例有芬尼科技的内部创业案例，用创业大赛选出优秀的合伙人。

4. 风险投资模式

员工成立公司，母公司作为投资人，只出钱不出力；员工出力，也可出钱。比如，项目估值 500 万元，公司投资 100 万元，占股 20%，年底分红。公司也可要求确保资产回报率不低于某个数值。比如，海尔的创客模式，让人人都是 CEO，在公司平台创业。

5. 内部交易模式

员工成立普通合伙企业，内部约定分红比例和经营机制。公司将产品以成本价 + 合理利润供给店员合伙企业，合伙企业利用公司的门店资源进行经营。公司不用再给店员发工资，双方从雇佣关系变成合作关系，该模式还可以合理避税。比如，海澜之家的经销商模式就是很好的尝试。

6. 项目跟投合伙模式

项目跟投合伙模式将公司的业绩、股市的表现、投资的风险与员工利益切实联系在一起。在项目开发的过程中，项目所在区域公司的相关人员要求必须跟投项目，共享利益、共担风险；而管理者须将年终收入购买公司的股票。这种模式使得所有人员的收入不再仅仅靠个人绩效考核来定，而是与公司的收益、项目的收益紧紧捆绑在一起。

四、定数量

定数量，即确定能够成为阿米巴合伙人的人数。

中国法律规定，有限合伙的合伙人数量既有上限，又有下限；而对于普通合伙的人数并没有上限要求，只是在有限合伙企业的合伙人数量上限定至少有一人为普通合伙人。

从阿米巴经营咨询实践上来看，阿米巴合伙人就是因为其灵活性和对投资方式的简便化，而在现在阿米巴经营模式中扮演着重要的角色，对其多加限制不利于其本身灵活、简便的本质特点。因此，阿米巴合伙人的数量可以采用不加限制或者仅仅规定下限的方式。

五、定价格

定价格，即确定阿米巴合伙制的利益分配机制，包括：如何计算公司现在的股价，以什么价格给到员工，以什么价格回收员工的股份等。

在阿米巴合伙制中，合伙人既是股东又是经营者，大家获得经营成果的剩余价值，分配机制相对比较简单。核心在于既要保证大股东的控制权，确保公司长治久安；又要发挥小股东的激励性，防止大锅饭、搭便车的状况发生。

在阿米巴合伙人团队内部，由于合伙人团队自负盈亏，利益分配一般由合伙人自主决定。由于各团队负责人的价值理念不同，可能会造成各团队间的管理风格、分配模式、收入水平等方面的差异较大，这就造成了在同一个企业平台不同阿米巴员工的内部不公平。所以，企业平台对于合伙人授权程度的松紧度要根据公司的发展阶段、业务类型和企业文化等因素调整，既发挥企业平台的整体优势，又激发阿米巴合伙人的工作热情，这是一项对管理艺术要求很高的工作。

六、定时间

定时间，即确定股权授予日、有效期、等待期、可行权日及禁售期。

股票授予日与获授股权首次可以行权日之间的间隔不得少于 1 年，并且需要分期行权。

股份期权：行权期不得少于 2 年，行权有效期不得低于 3 年，有效期内匀速行权。

限制性股份：持股人员必须在公司服务满一定年限，满足条件后可以以一定价格转让所持股份，退出持股计划；该期限可以根据持股人员岗位的重要性以及与公司发展的密切程度区别规定，短期可为 3 年、5 年，长期可为 10 年或以上。

七、定来源

定来源，即确定阿米巴合伙人的来源。企业中有潜力的员工都是阿米巴合伙人的来源。例如，公司的中高级管理人员，以及对公司未来发展有直接影响的管理骨干和核心技术人员等。内部创业者与经营者只有不断吸引优秀的合伙人加入，才能保持团队的战斗力。而一个有战斗力的团队，是企业平台发展的基础。

定来源，也要确定股权激励的资金来源，包括激励对象直接出资、激励对象工资、奖金、分红抵扣、企业资助等。

八、定条件

定条件，即确定成为阿米巴合伙人的条件，以及进行股权激励的条件。

第一，阿米巴合伙人的条件。并非每个员工都有资格成为阿米巴合伙人。企业需要制定合伙人选拔机制，确保“谁创造谁分享”的原则 。合伙人选拔机制每个公司都不一样，关键要对选拔标准、合伙人待遇及选拔流程有共识。阿米巴合伙人无法为组织做贡献的时候就需要有完善的退出机制，“谁创造谁分享”的原则必须要遵守，这也是公平的体现。

第二，合伙人股权激励授予的条件。股权激励并非无条件地给予，而是双方共同协定的，激励与约束并存。

股权的授予条件：业绩。行权条件：激励对象的资格符合要求，公司的主体资格符合要求。两者具备，激励对象才可以行权、获赠或购买公司股票，否则行权终止。

九、定机制

定机制，即要明确阿米巴合伙人的机制是什么，包括阿米巴合伙人选拔和退出机制。合伙人能够拥有哪些权利？合伙人应该履行哪些义务？如何对合伙人进行管理？这是合伙制中比较核心的话题，只有把这些问题解释清楚，阿米巴合伙制才是完整有效的。

操作 设计你公司的阿米巴合伙制实施流程。

第五节　实行阿米巴合伙制的注意事项

实行阿米巴合伙制，应该注意三个事项：股东意愿、劳资倒挂、代持预留。

一、股东意愿

股东意愿，指的是员工的收入不再是由老板决定的，而是根据员工作为合伙人、作为股东的身份，依据公司的经营情况，分派股息和其他应得收益。即员工拥有多少股份，就得按照比例分享收益。员工的收入，由原来的老板意愿变为股东意愿。

由此可见，实行阿米巴合伙制，也要考虑股权激励问题，这关系到合伙人的长期激励。企业从资金雇佣人才逐渐变为资金与人才甚至是其他关键资源的协作；人才从单纯的打工仔变为合伙人身份，资金与人才等企业经营要素有了更多的交融。

在公司管理权利方面，因为股权结构和合伙人体系的优化，股东之间的权利相对更均衡，经营层的话语权更大，相应的管理扁平化更普及，分权变成常态。阿米巴组织之间更多体现为合伙、相对平等，而非传统的上下级关系。组织内部的监督更有力，部门墙自然消失！

在利益分配方面，阿米巴合伙制中，资金方、人力方之间的利益分配更公正，人力方获利空间更大，能更好地满足员工对财务自由的寻求。员工不再仅仅追求固定工资，而是追求成为阿米巴合伙人，争取拿到合伙人的分成，也只有这个层次的收益才能实现真正的富足。

在阿米巴合伙制中，经营者和股东身份高度重叠，有利于构成深度的利益和命运共同体，降低公司发展胜败系于一人的危险。在阿米巴合伙制中，人人成为经营者，而非单纯依靠车头的动力。当每个员工的收入依据“股东意愿”，那么，企业平台就能不断吸引人才、吸引项目，做大、做强、做久。

思考　你如何理解“股东意愿”？

二、劳资倒挂

什么叫劳资倒挂呢？你想想，假如一个员工一年的市场收入是 50 万元，其中 49 万元是固定收入，1 万元是奖金。可反过来，49 万元是按照业绩比例来的，只有 1 万元是固定的，谁更努力？前者还是后者？后者。

实行合伙制以后，企业把这个员工的工资大幅降低，降低也不是不给，只是算到该员工所在的阿米巴里面了。比如说采购部，工资会计入你的采购成本，工资为零了。你要发工资，可以预支工资。所以在阿米巴经营模式里，阿米巴的成员养活巴长，小巴长养活大巴长。老板的工资是大巴长发的，大巴长的工资是小巴长发的，工资来自你的利润，来自交易结果，把你的人力成本导入交易成本里面去了。劳资倒挂的本质就是：让更多的人通过投资成为股东，可以多拿收益；仅仅付出劳动力，就少拿收益。当你的股份能够养活自己的时候，就可以考虑中长期收益了。

思考　你如何理解“劳资倒挂”？

三、代持预留

实行合伙人机制，就涉及股权激励，股权激励是企业为了激励和留住一些核心人才而采用的一种激励方法。而预留股份在股权激励中占有比较重要的地位。股份预留，具体来说就是企业预留出一部分股份，以备将来企业引进高级管理人才和高级技术人才。

1. 设置预留股份的原因

第一，预留股份起到延期激励的作用。股份预留主要是对企业的高科技技术人员以及业绩突出者的一种长期激励方式。第二，吸引更多的人才。通过股份预留的方式吸引更多的优秀人才，使企业能够在当代以人力资本结构为主的市场竞争态势中站稳脚跟。第三，完善企业激励机制。预留股份的奖励体系将对于完善企业的激励机制起到重要的作用，还能对未来引进的新人才预定激励约束方案，以应对人才的不断流动和更新。

2. 预留股份的授予方式

第一，限定条件。预留股份的授予一般都需要设置一定的限制条件，只有在符合这些条件后获授方才可以行权，否则不可。

第二，出资配股。获授方都需要拿出一定的资金才可以被授予预留股份，要根据个人在企业中做出的贡献和岗位重要性等，对其现金出资进行配股奖励。获授方在被授予预留股份之后，就可以拥有所获授股份的所有权利。

3. 经营者代持

由于在预留股份授予之前，可能会存在股东缺位的问题，所以就出现了这样一种授予方式，即在企业进行工商注册登记时，让企业经营者代为持有预留股份。这样的做法一般不会损害获授方利益。

思考　“代持预留”的重要性是什么？

案例

阿里巴巴的合伙人制度

阿里合伙人制度始于2009年，但直到2013年才随着上市临近对外公布。该制度是阿里独创的管理制度，它并不同于传统意义上的合伙人制度。传统的合伙人制度要求合伙人共同为企业经营的盈亏负责，而阿里合伙人则不必承担这样的责任。

一、阿里合伙人制度的目的

根据阿里的IPO文件，马云等董事高管持股不超过13.5%，而软银和雅虎分别持有34.4%和22.6%股权。为了保证创业团队和核心管理者的控制权和决策权，及企业文化的可持续性，阿里独创了“湖畔合伙人”的制度。

阿里合伙人最为重要的权利是提名董事会成员。根据相关规定，阿里合伙人将独享提名董事会简单多数成员的权利。如果股东大会未选举通过阿里合伙人的董事提名，或者该被提名人离开董事会，阿里巴巴有权另外任命一人为临时董事，直至下一届股东大会。

虽然阿里合伙人并不能直接任命董事，仍需股东大会的批准，但“即使股东们否决了提名的董事，合伙人仍可以继续提名，直到董事会主要由合伙人提名的人选构成”。

这样的制度明显是为了保证以马云为首的阿里管理层对公司的控制权。相比于软银与雅虎为首的大股东，由阿里的管理层直接持有的股权只有10%左右。

此外，阿里合伙人制度还和香港证监会“同股同权”的政策有关。众所周知，阿里最初选定的上市地点是中国香港，而根据香港法律，在港上市企业必须符合同股同权的要求。虽然阿里试图通过合伙人制度绕过这一规定，但香港证监会最终还是否决了阿里的提案。这使得阿里不得不选择在允许双层股权结构存在的美国上市。

二、成为阿里合伙人的条件

根据相关规定，要想成为阿里合伙人至少需要满足三点：第一，在阿里供职超过五年；第二，具备优秀的领导能力，高度认同公司文化；第三，获得至少四分之三合伙人的表决同意。

马云在对外宣布合伙人制度的公开信中，着重强调了第二点，“阿里巴巴合伙人的产生必须基于——在阿里巴巴工作五年以上，具备优秀的领导能力，高度认同公司文化，并且对公司发展有积极性贡献，愿意为公司文化和使命传承竭

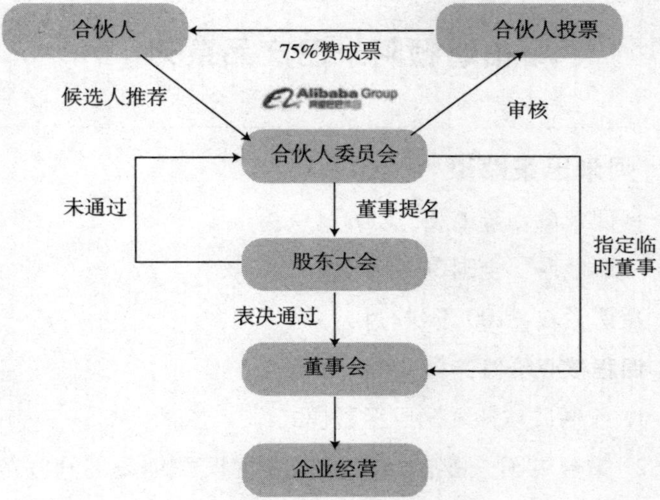

图6-3　阿里巴巴的合伙人制度

尽全力”。

这和阿里设立合伙人的初衷是一致的。阿里希望通过建立一个既能坚守阿里巴巴集团的文化和价值观，又具有持续生命力的组织，以保障公司102年的持久发展。

阿里合伙人的人选其实非常有限，基本只能在公司内部的高管中产生。不过阿里也表示，将适时扩大合伙人的人选范围。未来，在公司以外，如客户、商业伙伴，以及阿里生态系统中的其他参与者，都可能成为阿里的合伙人。

此外，阿里还规定，合伙人在任期间必须持有一定的公司股权。

柏明顿阿米巴产品系列

阿米巴策略班

授课对象：董事长、CEO、总裁

授课地点：全国 30 多个城市

授课频次：100 场次/月

课程核心价值：

1. 了解并认知阿米巴经营模式；

2. 掌握中国企业运用阿米巴经营模式创造高利润的方法，实现业绩倍增；

3. 阿米巴经营中国落地案例解析。

阿米巴方案生成班

授课对象：总经理、财务总监、企划总监

授课地点：上海、青岛、杭州、广州

授课频次：2 次/月

课程核心价值：

1. 讲解：导师讲解阿米巴分、算、奖的设计技术与实施要点，以让学员全面了解方法与工具；

2. 案例：导师剖析柏明顿实施的各行各业的咨询案例，以加强学员对各个技术要点的理解；

3. 练习：学员结合自己企业的实际情况来做分、算、奖练习，导师一一点评，彻底掌握技术。

阿米巴 VIP 落地班

授课对象：总经理、财务总监、部门经理

授课地点：企业内部

授课频次：1 次/季

课程核心价值：

1. 讲解：导师讲解阿米巴分、算、奖的设计技术和案例；

2. 实操：学员在导师提供工具或软件的帮助下，完成组织划分、定价交易、奖励规则方案；

3. 辅导：每家听课企业配一位实战经验丰富的资深顾问，辅导完成整体方案，满载而归。